KB201594

성경에서 예언한

2023년 한반도 통일전쟁

성경에서 예언한 2023년 한반도 통일전쟁

초판발행 | 2019년 05월 16일
지은이 | 박요한 강도사
발행인 | 박찬우
편집인 | 우 현
펴낸곳 | 파랑새미디어
등록번호 | 제313-2006-000085호
서울특별시 마포구 서교동 357-1 서교프라자 318
전화 | 02-333-8311
휴대폰 | 010-2373-6150
메일 | pju7564@naver.com
ⓒ박정욱 Printed in Seoul
가격 : 12,000원
ISBN : 979-11-5721-108-1 03230

● 직접 전화주문 : 010-2373-6150

성경에서 예언한

2023년

한반도 통일전쟁

박 요 한 강도사

프롤로그

나는 초등학교 시절부터 예수 그리스도를 영접했었지만 성경이 이스라엘 무협지처럼 느껴지고 100% 믿어지지 않아서 한동안은 성경에 대한 많은 의혹을 갖고 신앙생활을 해왔었다.

그러나 장애를 지니게 된 것에 대한 한을 품고 앞으로 나의 힘든 삶을 꼭 살아가야만 하는가? 생각하며, 하나님의 존재여부에 대한 확실한 확인을 위해 혼신의 힘을 다해서 성경을 연구하던 중에 성경에 숨겨져 있는 놀라운 비밀을 깨닫게 되었다.

즉, 성경은 ①인간이 왜 태어났고 ②어디서 왔다가 어디로 가는가? ③왜 인간은 예수님을 믿지 않으면 안 되는가? ④앞으로 지구와 인류는 어떻게 되는가? 등의 질문에 대한 답은 물론,

①지구 외 외계에 물과 인간이 존재한다는 사실과, ②인간의 흥망성쇠와 인류사의 모든 전쟁은 하나님께 속한 사실과,

③지금까지의 인류사는 성경에서 예언한 대로 성취되었을 뿐만 아니라 앞으로도 그 예언대로 성취될 수밖에 없다는 사실과,

④세계 복음화의 전초기지를 삼기 위한 하나님의 뜻에 따라 한반도의 악을 소탕하기 위한 통일전쟁은 필연적인 사실과,

⑤세계 제3차 대전이 일어날 수밖에 없는 이유와 그 시기에 대해서 명확하게 밝혀주고 있다는 사실을 깨닫게 되었다.

따라서 혼자서 알게 된 비밀을 참지 못하고 동굴 속에 들어가서 "임금님의 귀는 당나귀 귀" 하고 외쳤다는 이야기의 주인공처럼 나는 많은 사람들에게 리를 알리지 않고서는 견딜 수가 없어 논문형태의 책으로 출간하게 되었다.

한편 국제 신학자들이 공동 번역한 'NIV' 성경 마태복음에서는 때를 The day와 The hour로 번역하고 있지만(마24:36, 25:13), 다니엘서와 요한 계시록에서는 한 때를 1260일 즉, 1년(The year)으로 직역을 하고 있다(단7:25, 12:11, 계11:2-3, 12:14).

그리고 나의 해석과는 조금 차이는 있지만 물리학자며 신학자인 뉴턴은 '뉴턴코드'에서 요한 계시록 11장 3절의 1260일을 에스겔 4장 6절에서 일 일을 일 년으로 해석한 것에 따라 1260년으로 보고서, 교황 레오 3세로부터 대관을 받은 '샬레마뉴황제'에 의해 용의 깃발로 재출발한 신성로마제국의 개시연도인 AD 800년을 기준해 2060년 지구가 멸망한다고 예언을 했었다.

그런데 오늘날의 많은 기독교 신자들은 내심 하늘나라보다는 이 세상을 더 좋아하여 "예수 그리스도의 재림의 날과 시간은 알 수 없다" 하신 성경 말씀을 자의적으로 해석하여, 지금과 같은 세계평화가 계속 유지되다가 어느 날 갑자기 예수님께서 공중 재림하는 것으로만 알고 또 그렇게 바라고 있다.

따라서 많은 기독교 지도자들은 "①어떻게 하면 신앙생활을 잘해 이 땅에서 복을 받고 잘 사는가?" ②자녀들의 백년대계를 기할 수 있는가? 대해서만 주도적으로 외치고 있는 실정이다.

그러나 모든 성경은 각기 그 짝이 있고 하나도 빠진 것이 없고, 또 그 번역에서도 하나님의 영이 함께 하시어 거의 완전하기 때문에(사34:16), 성경의 각 문장을 자세히 살펴 조명해보면 하나님께서 나타내주고 있는 뜻을 대부분은 알 수가 있다.

때문에 나는 여기서 지금까지 전해지고 있는 여러 가지 학설이나 원어 풀이에 연연하지 않고서, 오직 성경을 성경말씀 속에서 그 답을 찾아 해석을 하여 성경의 난해한 부분까지도 누구나 쉽게 알 수 있도록 정리하여 발표하게 되었다.

다시 말하면 예수님 재림의 날과 그 시간은 하나님 외엔 그 누구도 알 수가 없지만(마25:13), **앞으로 있을 마지막 환난과 심판의 시작연도는 노아가 지구촌의 대 홍수를 100여 년 전에 알았듯이 알 수 있는 것으로 성경은 여러 곳에서 명확히 밝혀주고 있다**(창6:3-10, 눅8:10, 살전5:4, 고전2:10, 단7:16).

따라서 나는 많은 사람들이 궁금해 하는 즉, 택하신 자들에게만 알게 하시려고 성경말씀 속에 은익 해놓은(눅8:10), **인류종말의 시간표인 일곱이레(7년 환난) 비밀과 한반도 미래사를 파수자의 사명에 따라 여기서 자세히 밝히고자 한다**(욜2:1, 겔33:8).

즉, 하나님의 성경말씀을 물리학과 수학적 확률 등의 ①과학적 · 역사적 · 지정학적인 입증을 통해서만 믿을 수 있다고 생각을 하는 사람들과, ②성경을 100% 믿지 못해 아담으로부터 상속을 받은 종교성에 이끌려 신앙생활을 하고 있는 사람들과,

③오늘날 디지털시대를 분주히 살아가면서 인류의 미래사는 물론, ④인생의 진정한 삶의 길을 찾고자 하는 많은 사람들이 이 책에서 그 답을 찾으시게 되길 진심으로 바라마지 않는다.

한편 독자 여러분들께서 이 책을 일종의 논문으로 봐주시길 바라면서, 이 책의 내용에 대한 반론의 제시나 교회의 부흥을 위해 강의를 요청하는 교회가 있다면 전국 어디나 찾아가 무료로 강의를 해드리고 또 이 책을 무상으로 기증해 드리고자 합니다.

2019년 5월 16일

박 요한 강도사

차 례

● 논제(01). 내 인생의 삶의 길을 찾는 기도

내가 한 특이한 사람을 만난 것은 경상북도 김천시 어모면 능치리에 소재하는 한 작은 마을인데, **이 곳은 나당동맹에 의해서 백제가 멸망하자 당시 '도침'이란 사람이 백제의 부활을 도모하려고 끝까지 싸우다가 나당연합군에 쫓겨서 전사한 곳이라고 전해져오고 있다.**

'도침'이란 이름을 따서 '도침랑'으로 명명된 이 마을은 조선말 이서구 선생께서 "장차 한 선비가 나타나 하늘의 도를 가르치니 전국으로부터 사람들이 찾아와 구국의 노래를 부른다." 예언한 곳이라도 한다.

조선 순조 때에 정승을 지낸 바 있는 이서구 선생은 '이서구비결', '춘산채지가' 등의 저서는 물론 한반도의 미래 사역을 육행의 한시로 남겼는데, 구전으로 전해져오고 있는 이 시의 내용이 오늘날의 한반도 상황을 그대로 나타내주고 있어 참으로 기이한 일이 아닐 수 없다.

아마도 오십대 이상 나이의 사람들이 시골집에서 흔히 접할 수 있었던 그림 중에서 "밝은 달과 대나무밭을 배경으로 하늘에서 용이 내려오고, 또 땅에서는 호랑이가 이 용을 향하여 크게 입을 벌리고서 맞붙어 싸우려는 장면"의 민화를 가끔 본 적이 있을 것이다.

이 그림은 용은 북한을 호랑이는 남한을 상징하는 한반도 미래사에 대한 '이 서구 비결' 내용을 형상화한 것이라고 전해져오고 있는데, 이 그림이 내포하고 있는 뜻이 성경 욜2:20, 슥6:1-8, 계12:13-17의 내용과 너무도 흡사하여 참으로 의미심장한 일이 아닐 수 없다.

한편 속리산 남쪽 백리(40㎞) 지점에 위치한 '도침랑'이란 이 마을은 동쪽으로 상주평야와 낙동강이 굽이쳐 흐르고 있고, 서쪽으로 국도와 고속도로 및 경부선 철도가 교차하는 추풍령 고개가 있을 뿐만 아니라, 남쪽으로 방란산과 북쪽으로는 백두대간의 줄기를 타고 우뚝 솟은 '용문산'이란 해발 800m의 수려한 산이 있다.

그런데 이서구 선생의 예언이 성취되기라도 하듯 실제로 1950년부터 한 선비가 이곳에 나타나서 '구국제단'이라는 돌단으로 쌓은 기도처를 만들어 놓고서 전국 방방곡곡으로부터 찾아오고 있는 수많은 사람들로 하여금 나라와 민족을 위한 기도를 드리게 하고 있었다.

지금 현재까지도 일부 사람들이 이 선비의 뜻을 좇아 실외에 있는 이 재단에서 순번을 정하여, 비와 눈을 그대로 맞아가며 추우나 더우나 단 하루도 빼지 않고서 남북통일을 위한 기도를 계속해서 드리고 있다.

당시 또 이 선비는 또 이 산속에서 하늘의 도를 구하는 기도를 드리면서 많은 사람들을 계몽을 하고 있었는데, **한반도 전국방방곡곡으로부터 수천 명의 사람들이 이 선비의 강의를 듣고 하나님의 신(성령)을 받기 위해서 경부선 철도 추풍령역에서 내려서 약 5㎞ 거리의 자갈밭 길을 발이 불어터져 가며 걷고 걸어서 끊임없이 몰려오곤 했었다.**

오늘날 한국의 '기도원문화'는 이곳으로부터 전개되었고, 한국 기독교 지도자들 중에 많은 사람들이 이 사람의 신앙논조에 영향을 받았다고 볼 수도 있는데, 나도 이 분에게 수학해서 하나님을 알게 되었다.

한편 나는 깊은 산속에서 흘러내리는 개울물과 사람들의 기도 소리가 밤의 정적을 깨트려 그만 잠에서 깨어났다. 문득 요의가 느껴져 변소를 가려고 방문을 나서니 휘영청 밝은 달이 고요한 산야를 비추고 있었다.

집 밖에 있는 변소에서 용변을 해결한 나는 다시 요람에 들어 잠들기 위해 엎치락뒤치락 몸부림쳤지만, 그럴수록 정신이 더욱 또렷해지며 다음과 같은 철학적 의문에 사로잡히게 되었다.

"과연 인간은 어떠한 존재인가? 왜 이 세상에 태어나서 죽어가야만 하는가? 왜 즐거워할 때가 있고 슬퍼할 때가 있으며, 건강할 때가 있고 아플 때가 있으며, 춤출 때가 있고 고통스러워할 때가 있는가?

"중생은 슬픈 존재다." 라는 말을 했었던 불교의 창시자인 석가의 말처럼 인생은 진정으로 슬픈 존재란 말인가?

여러 가지 고민에 고민을 거듭하고 있던 나는 이 순간 고등학교 때 역사 선생님께 배운 바 있는 "인생에서 가장 행복한 사람은 이 땅에 태어나지 않은 사람이고 그 다음은 일찍 죽는 사람이다." 라고 했던 '쇼펜하우어'의 철학적인 논제까지 떠오르기까지 했다.

태어날 때부터 장애를 입고 태어났던 나는 섭씨 영하 10도 이하의 기온이 겨우내 유지되던 이 산 속에서 고무신을 신은 채 불편한 다리를 부여잡고 산 아래 4Km의 초등학교를 걸어서 다녀야만 했다.

나는 이처럼 힘든 삶을 살아가면서 나에게 주어진 삶을 숙명으로 받아들이면서도, 앞으로 힘든 삶을 어떻게 헤쳐 나가야 할까? 하는 중압감에 이끌려 늘 인생에 대한 의문에 사로잡혀 있곤 했었다.

그런데 이날따라 이러한 의문이 실타래처럼 계속해서 물고 나오면서 나의 가슴을 짓눌러서 나는 그만 답답한 마음을 가눌 길이 없어 마을 뒤에 자리를 잡고 있는 용문산 '사사봉'으로 올라갔다.

다리의 불편함도 잊은 채 마치 뭔가에 홀려 이끌리듯 나무와 나무 사이를 헤치며 오르고 또 오르다보니, 순식간에 용문산 '사사봉'에 이르렀다. 팔다리 곳곳이 할퀴고 또 온몸은 비지땀으로 뒤범벅되었으나 힘들다는 생각 따위는 이미 까마득하게 잊고 있었다.

그리고 산봉우리에 오른 나는 하늘을 향해서 두 팔을 높게 뻗고 마치 울분을 토하듯, 고래고래 소리를 지르기 시작했다.

"①하나님이시여! 하나님이시여! 당신은 정말로 살아계시기는 하는 것입니까? 만약 정말로 당신이 살아서 역사하고 계신다면 오늘 이 시간 내게 명확하게 응답을 하여 주소서?"

"②진정 인간은 덧없이 이 세상에 태어나 죽음으로써 모든 것이 끝나는 그런 존재란 말입니까? 그렇다면 의인과 악인이 구별 없이 모두 한 줌 흙으로밖에 남지 않을진대, 무궁한 역사 속에서 의를 위해 죽어간 숱한 사람들의 억울함은 어떻게 해야 한단 말입니까?"

"③당신이 창조한 이 세상은 어제도·오늘도·내일도 계속해서 해는 뜨고 또 지고 있는데, 시생대·고생대·신생대를 거쳐 제 4 간빙기를 살아가고 있는 인류의 미래사는 앞으로 어떻게 되는 겁니까?"

"④유유히 흐르는 역사 속에서 헤아릴 수 없는 사람들이 끝임 없이 태어났다 죽어만 가는데, 왜 나는 하필 장애를 입고 태어났단 말입니까? 진정 나는 앞으로의 힘든 삶을 어떻게 살아가야만 합니까?

⑤하나님이시여! 하나님이시여! 정말로 당신께서 살아 계신다면 이에 대해서 지금 이 시간 내게 말씀하여 주소서!" 하고 울부짖었다.

그러나 나의 끝없는 울부짖음과 아우성에도 불구하고 이날 하늘로부터 내게 아무른 대답도 들리지 않았다. 하는 수 없이 나는 이 밤에 기진맥진 하여 산에서 내려올 수밖에 없었다.

하지만 나는 계속해 약 1년 동안을 하나님의 존재를 확인하기 위해 매일 밤마다 마을 앞산에 올라가서 전력을 다한 기도를 드리다가 어느 날 성령의 은사에 하나인 방언 은사를 체험하게 되었다.

한편 나는 고등학교 2학년 때 내 삶에 대한 하나님의 인도를 받고자 무작정 집을 떠나 전라북도 무주에 있는 해발 1600m 덕유산 정상으로 불편한 다리를 부여잡고 반은 기다시피 해서 올라갔다.

밤이 어두워지자 이 곳에 있는 한 바위 위에 주저앉아서 밤이슬을 맞아가며 다음 날 새벽까지 목이 터져라 울부짖고 부르짖으며 하나님께 애절한 기도를 드렸더니, 새벽녘에 가서야 마음속으로부터 우러나오는 세미한 음성이 들려왔다.

"하나님께서 살아 계심은 삼라만상의 자연현상에서 깨달을 수 있고, 인류역사 속에 분명히 나타나고 있으니(롬1:19-20), 계속해 기도를 드리며 성경을 탐구하면 알 수 있게 될 것이니라(골2:2-3)."

● 논제(02). 나에게 나타난 특이 현상

이튿날 덕유산을 하산해서 고향 마을로 돌아온 나는 이러한 일들을 마음에 묻고서 공부하고 기도드리는 평상생활에 접어들었다.

①그런데 나는 1976년 8월 11일경 한 특이한 꿈을 꿨다. 갑자기 "한반도 전경과 휴전선이 보이더니 이곳에 있는 미루나무 한 그루를 놓고서 남북한 양측 군인들이 서로 총을 쏘며 싸우는 장면"이 보였다.

나는 이러한 꿈 이야기를 당시 한국 기독교에서 크게 부흥을 일으키고 계셨던 나운몽 장로님을 찾아가 "전쟁이 날 것 같다" 말씀 드렸더니, 장로님은 그만 수천 명의 신도들 앞에서 이를 선포하고 말았다.

그러나 그 해석은 좀 달랐지만, 나의 이러한 꿈은 일주일 만에 북한이 '8.18 도끼만행사건'을 일으킴으로써 실제로 이뤄졌다. 당시 '지미 카터' 미국 대통령은 "만약 이 사태에 대해서 김일성 주석이 사과를 하지 않으면 즉시 북한을 폭파하겠다." 하고 선전포고를 했다. 그러나 이 사건은 김일성 주석이 3일 만에 사과를 함으로써 일단락됐다.

②또 스무 살 쯤 나는 비몽사몽간에 환상을 보았다. 내가 세상을 두루 다니고 있는데 갑자기 한 치 앞을 분간하지 못할 정도로 날이 어두워지며 거대한 빗줄기가 마치 큰 파도처럼 휘몰아치며 몰려왔다. 그리고 이 비를 맞는 수많은 사람들이 비명을 지르면서 죽어갔고, 나는 부득이 이 비를 피해 달려가다가 어느 조그마한 산등성이에 이르렀다.

그런데 내가 이곳 작은 바위 위에 자리를 잡고 앉자마자, 지구 왼편부터 오른편까지 무지개가 펼쳐지면서 하늘에서 수많은 천사들이 하나님께 찬양을 드리는 장엄한 음악이 들려왔다. "할렐루야! 할렐루야! 영광의 주가 다스리신다. 할렐루야! 할렐루야! 만왕의 왕이 다스리신다."

이 황홀한 찬양을 들고 있을 때 내 몸이 공중으로 둥둥 떠오르더니 말로 형용할 수 없는 상쾌한 기분을 느끼며 나는 환상에서 깨어났다.

③그리고 한 번은 내가 대구광역시에서 사회생활을 하고 있을 때였다. 문득 잠에서 막 깨어나는 순간, 온 방 안의 벽이 박 정희 대통령의 영정사진으로 가득 차 있는 환상이 선명하게 보였다.

다시 눈을 감았다가 뜨는데 이번에는 방안 천정에 대형 태극기가 펼쳐지더니 태극마크 부분에 박정희 대통령의 영정사진이 나타나면서 애국가가 우렁차게 울려 퍼지고 있었다. 나는 당시 함께 동거를 하고 있던 박종일에게 이러한 환상 이야기를 전하고 나서 민족의 앞날을 걱정하며 하루하루를 보내고 있었다.

그러나 나의 이러한 이 환상은 7일 만에 이뤄졌다, 이날 새벽 6시경 잠에서 막 깨어나 텔레비전을 켜는 순간, 깜짝 놀랄 뉴스가 흘러나왔다. "긴급 뉴스를 말씀드리겠습니다! 긴급 뉴스를 말씀드리겠습니다! 차 경호실장과 김 재규 중앙정보부장 사이에 우발적인 총격사건으로 인해서 박정희 대통령 각하가 서거하셨습니다." 하였다.

가난한 우리 민족을 동방의 한 나라로 꽃피우기 위해 하나님으로부터 선택을 받았던(골1:16) 고, 박정희 대통령은 당시 초근목피로 연명하던 국민들에게 희망을 불어넣으며 조국 근대화의 초석을 다진 지도자였다.

그러나 대통령 수하의 위정자들이 많은 사람들의 인권을 유린했었기에 이러한 불미스러운 일이 일어났다고 생각을 하며 나는 안타까워했다.

한편 성인이 된 나는 장애로 인해 취업이 되지 않자 액세서리 공장을 운영하는 것으로부터 사회생활을 시작했다. 그런데 어느 순간부터 하나님을 까마득히 잊고서 세상과 더불어 살아가고 있었다.

나의 이러한 삶은 채 1년도 되지 않아 많은 빚을 지고 도망을 다니는 신세가 되고 말았다. 고통과 외로움을 달래기 위해 술집을 드나들기도 했고, 심야다방에서 밤을 지세는 등의 힘든 삶을 살아갔다.

나는 한동안 이러한 힘든 삶을 살아가다가 마침내 견디지 못하고서 하나님께 진정한 회개기도를 드렸다.

①회개 후에 나는 우연히 커피숍에서 고액채권자와 마주쳤다. 그는 나를 순순히 보내줄 자가 아니었기에 두근거리는 가슴을 억누르며 마음속으로 기도를 드리는데 갑자기 방언이 터져 나왔다. 그랬더니 그는 나를 쳐다보고서도 알아보지 못하고 먼저 커피숍을 나갔다.

②그리고 중년 때 나는 사업의 파산으로 교도소에 들어갔는데, 건강이 좋지 않아 독방생활을 하게 되었다. 나는 이곳에서 지난날의 잘못을 뉘우치며 매일 12시간 이상을 성경말씀 연구와 기도에 전념했다.

그런데 약 11개월쯤 되었을 때 갑자기 환상이 보이더니 내가 차고 있던 포승줄이 끊어지며 내 집 안방이 보였다. 이후 나는 3일 만에 잔여 형기 6개월을 남겨두고 검찰의 '형집행정지결정'으로 석방되었다.

③나는 또 50살쯤 폭력배 두목과 다투다 생명의 위협을 느끼고 늦은 밤 서울 방화동 '개화산'에 올라가 기도를 드렸다. 그런데 이 밤 꿈에 머리가 사람 몸체만한 뱀이 몸을 길게 늘어뜨리고 나를 견주고 있었다. 나는 주여! 하고 외쳤더니 이 뱀은 열두 조각으로 끊어지며 죽어갔다. 다음날 나는 모든 것을 하나님께 맡기고 이 자와 대면을 했더니 그는 갑자기 내 발 앞에 무릎을 꿇고 살려달라고 하소연했다.

④한편 내가 2010년경 부채로 인해 생사를 놓고 기도할 때였다. 책상 위에 엎드려 기도하다 잠들었다 깨는데, 하늘에서 "여호와는 나의 목자 시니 내게 부족함이 없으리로다." 하는 수많은 천사들의 찬양이 플루트 악기의 음색으로 들려왔다. 이후 모든 일이 저절로 해결되었고, 하나님 께서 이처럼 나의 기도를 응답해 주신 것은 100여 번도 넘는다.

그런데 쉰 살이 지난 어느 날 내게 갑자기 영감이 떠오르며 그동안 해석을 하지 못해 고심을 하던 성경 말씀들이 깨달아지기 시작했다.

내가 깨달은 성경 말씀의 핵심은 현대 신학으로는 도저히 알 수가 없는 즉, 앞으로 곧 있게 될 한반도와 세계사에 관한 이야기였다. "나는 두렵고 떨리는 마음으로 여기서 이를 옮기고자 한다."

● 논제(03). 나의 성경말씀 해석에 대한 성경적 기조

오늘날 많은 기독교 지도자들이 성경말씀을 명확히 알지 못하는 원인 중에 하나는 사람의 얼굴을 그리면서 얼굴 전체를 떠올리지 않고서 눈, 코, 입, 이마 등을 따로 떠올리기 때문이고, **또 성경을 합리적 사고와 논리 속에서 분석하여 조명하지 않고 지금까지의 학설에 연연하여 성경을 부분적 또는 원어 풀이에 치우쳐서 해석을 하고 있기 때문이다.**

즉, 많은 사람들이 만물을 창세기 1장의 천지창조 때에 창조한 것으로 알고 있지만, **①하나님께서 천지창조 직전 수면 위를 운행하셨을 뿐만 아니라, 물과, 사람과, 천사는 셋째하늘**(영들 세계) **창조하실 때 먼저 창조한 것으로 성경은 밝혀주고 있다**(잠8:22-26, 느9:6, 욥38:4-7).

②또 창세기 6장 2절에 나오는 하나님의 아들들을 천사 또는 셋의 아들로 해석하지만, 천사는 육과 성이 없어 혼인을 할 수 없고(마22:30) **셋은 우리와 같은 체질의 사람이다. 즉, 성경은 하나님의 아들들은 천사처럼 영체이거나**(욥2:1, 38:7), **육을 가진 경우는 멜기세덱 제사장 이나 천년세계 사람들처럼 4차원 체로 밝혀주고 있어**(에덴동산의 인간, 계20:6), **이는 명확히 성경에 반하는 잘못된 해석이다.**

③그리고 많은 성직자들이 지옥에 갇혀 있어 활동을 할 수가 없는 범죄 한 천사들을 놓고서(유1:6) 마치 사탄인 것처럼 주장들 하지만, 이 또한 벧후2:4의 말씀에 정면으로 배치되어 잘못된 해석이다.

따라서 많은 기독교 지도자들이 오늘날 젊은 신자들이 궁금해 하는 **①영들의 옥과**(벧전3:19), **②무덤에서 나온 자들과**(마27:52), **③지구 외 외계에 인간이 살고**(욥38:22), **④물이 존재한다는 사실과** (시33:7), **⑤나2:4과 겔21:10의 번개 같은 무기와, ⑥계13:1의 바다에서 나오는 짐승의 정체와, ⑦한반도 통일전쟁에 대한 예언을**(사41:2, 단2:40, 44, 욜2:20, 슥6:1-8) **명확히 밝혀주지 못하고 있는 것이다.**

그러나 번개 같은 무기를 탐구해보면, 번개는 구름과 구름 및 대기의 충돌로 인한 원자핵(음양전하)의 방전으로 만들어져 사방 10㎞ 이내 생명체 혈루를 파손해 죽게 하듯, 수소폭탄 역시 원자핵의 융합의 의해 한 시간 내에 지구촌 사람 1/3을 죽게 하는 큰 폭발을 일으켜(계 9:15-18). 20m 콘크리트까지 침투해서 생명체를 죽게 한다(겔21:14).

따라서 번개와 수소폭탄은 원자핵(음양전하)의 충돌이나 융합에 의해 생하게 되는 광선의 무기라는 사실에서 겔21:10에 나오는 번개 같은 무기는 수소폭탄을 뜻하고 있다는 사실을 깨달을 수가 있다.

그리고 계12:3, 13:1, 17:7의 "일곱 머리와 열 뿔을 가진 짐승"을 계17:13은 ①일곱 머리에 뿌리를 두고서 여덟 번째로 나오는 짐승과(계 17:11), ②열 뿔을 가진 짐승을(17:12) "그들"이라고 칭하면서 이들이 한 뜻을 갖고 땅에서 나오는 짐승(가톨릭, 유럽연합)에게 권세를 준다고 하고 있어(계13:11-15), 이는 두 국가인 사실을 나타내주고 있다.

따라서 ①일곱 머리에(애굽, 블레셋, 앗수르, 바벨론, 헬라, 로마, 소련) 그 뿌리를 두고 여덟째로 나오는 짐승은 오늘날의 러시아를 가리켜주고 있고(계17:11), ②땅의 넷째 나라로써 열 뿔(왕)을 갖고 그 권세를 공유하는 다른 하나의 짐승은(단2:40, 44, 7:24, 계13:1-5, 17:12), 용이 그들의 상징물이며 옷(군복)과 방패(국기)가 붉고(나2:3, 홍위병), 이억 명의 군인(중국은 3억)을 보유한(계9:16) 동방의 나라라 밝혀주고 있어(계16:12), 이는 중국인 사실을 알 수 있게 하고 있다.

아무튼 성경은 각기 그 짝이 있고 하나도 빠진 것이 없을 뿐 아니라, 그 번역에서도 하나님께서 함께 하셨다고 보는 것이 옳기 때문에, 성경을 성경으로 풀어 해석을 해야 옳은 해석을 할 수가 있다(사34:16).

따라서 나는 논리적 · 물리적 · 과학적 판단에 따라 믿으려 하는 오늘날의 젊은 사람들에게 과거를 해명하고, 현재를 인도하고, 미래를 예언해 주고 있는 성경의 완전성을 밝히고자 이 책을 출간하게 되었다.

● 논제(04). 하나님과 예수님의 부활을 믿을 수 있는 증거는?

(답1). 삼라만상의 자연적 계시가 이를 입증해주고 있다

누구나 이 세상을 살아가면서 한 번쯤은 ①과연 천국과 지옥이 있을까? ②인간은 죽으면 그것으로 모든 것이 끝나는 것인가? ③인생은 과연 무엇일까? 생각을 하며 궁금해 할 때가 있을 것이다.

그런데 인류사를 살펴보면 ①고대 사람들은 삼라만상의 자연 현상에서 신의 존재를 느끼고서 산(山神)·바다(龍王)·나무·바위 등에 절을 했었고, 첨단문명을 누리며 살아가고 있는 오늘날 사람들도 조상들에게 제사를 지내고 있다. **따라서 이는 우리 인간들이 영혼의 존재를 믿고 있다는 사실을 입증해주는 것이라 하지 않을 수가 없다.**

그리고 ②한국 사람들이 사악한 행동을 하는 사람에게 하늘이 두렵지 않느냐? 하며 상대의 양심을 일깨우고, ②미국 사람들이 바이블에 손을 얹고 맹세를 하며 **싫어하는 사람에게 God damn이라 저주할 뿐 아니라,** ③인간은 누구나 갑자기 닥친 죽음 앞에서 두려움을 갖게 된다.

즉, 우리 인간은 삼라만상의 자연현상 등이 나타내주고 있는 계시는 물론 이 땅을 살아가면서 주변에서 수시로 접하여 보고 느끼게 되는 많은 사실들을 통해서 하나님께서 인류사에 직·간접으로 관여하고 계신다는 사실을 느끼며 살아가고 있는 것이다.

성경은 "이는 하나님을 알 만한 것이 그들 속에 보임이라 그의 영원하신 능력과 신성이 만물에 분명히 보여 알려져서 그들이 핑계치 못한다(롬1:19-20)" 했고, "율법 없는 이방인은(불신자들) 본성으로 그 양심이 증거가 되어 그 생각들이 서로 고발하고 변명해 그 마음에 새긴 율법의 행위를 들어내어 심판을 받는다고(롬2:15)" 말씀하시어 인간은 누구나 죽은 후에 심판을 받는다고 밝혀주고 있다(히9:27).

그러므로 우리 눈에는 바람·공기·양심·마음 등이 보이지 않지만 엄연히 존재하듯, **인간은 하나님께서 우주만물을 관장하고 계신다는 사실을 삼라만상의 자연적 계시를 통해서도 깨달을 수 있게 된다.** "신은 죽었다"라고 말했던 니체는 정신병에 걸려 병원생활을 하던 중에 밝은 대낮 흑암이 하늘을 뒤덮으며 자신을 향해 몰려오는 것을 보고서 "캄캄하다! 캄캄하다!" 소리치다가 죽어갔을 뿐만 아니라, **한국 불교사에서 큰 별이셨던 성철스님도 "내가 많은 사람을 속였다** 하늘에 넘치는 나의 죄업이 수미산을 지나친다. 내가 산 채로 무간지옥에 떨어져 그 한이 만 갈래나 된다" 하고서, **자신이 지옥에 떨어지고 있다는 사실을 고백했었다**(1993년 11월 5일, 조선·중앙·동아일보).

그리고 시인 단테의 '신곡'을 보면 아홉 개의 지옥이 나오는데, 그나마 고통이 조금 적은 곳이라고 볼 수 있는 제1 지옥에는 인류의 현인이셨던 석가·공자·소크라테스가 가서 있고, **맨 밑바닥인 제9 지옥에는 예수 그리스도를 판 가룟 유다가 가서 있는 것으로 저술하고 있다.**

한편 공자도 인생의 진정한 주는 모계혈통(동정녀)으로 나신 자(後生可畏 驚知來者之不如今也)라고 하였고, **석가 또한 하나님만이 인간의 진정한 길(基名曰天主也汝歸依)이라고 설파하고서 죽어갔다. 따라서 이러한 선각자들의 교훈은 인생의 길을 밝혀주는 진리일 것이다.**

① 이는 하나님을 알 만한 것이 그들 속에 보임이라 그의 영원하신 **능력과 신성이 만물에 분명히 보여 알려졌나니** 그러므로 그들이 핑계하지 못할지니라(롬1:19-20).

② 내가 종말을 처음부터 고하며 아직 이루지 아니한 일을 옛적부터 보이고 이르기를 나의 모략이 설 것이니 내가 나의 기뻐하는 일을 이루리라 하였노라(사46:10).

③ **만세전부터, 땅이 생기기 전부터 내가 세움을 입었나니**(잠8:23)

(답2). 과거를 해명하고, 현실을 인도하고, 미래를 예언해 주고 있는 성경말씀이 이를 입증하고 있다.

하나님은 우주 만물의 창조주로써 스스로 계시는 신을 뜻한다. 즉, 히브리말로는 "야훼", 한국말로는 한울님·하늘님·하느님으로 불리어지지만 오늘날은 유일성을 강조하여 하나님으로 통칭하고 있다.

즉, 하나님은 영이시기 때문에 성경말씀을 통해서 자신을 나타내주고 있을 뿐 아니라, 그의 말씀에는 그의 영이 무형의 힘으로 사역하여 유형의 증거로 나타나고 있다는 사실을 성경이 입증해주고 있다.

성경에 기록된 수많은 예언들은 이미 성취되었거나 그 예언한 대로 성취되어가고 있다는 사실이 오늘날 현대과학에 의해서 밝혀지고 있을 뿐만 아니라, 현대과학의 창시자이며 신학자인 아이 작 뉴턴이 발견했던 만류인력도 지금부터 약 2,700년 전에 구약에 나오는 '욥'이 먼저 발견했었다는 사실을 성경은 명확히 밝혀주고 있다(욥26:7).

따라서 ①과거를 해명해 주고 ②현실을 인도해주고 ③미래를 예언해 주고 있는 이러한 성경 말씀은 우리 인간들에게 근본적인 삶에 대하여 그 답을 찾아 주고 있는 생명책이라고 하지 않을 수가 없다.

그리고 인류역사를 되돌아보면 하나님을 믿었던 사람들은 인류사에 많은 공헌을 남기며 성공적인 삶을 살았었던 사실을 알 수 있는데, 이처럼 드러난 사실들을 통해서도 우리 인간들은 하나님께서 인간사에 일일이 관여하고 계신다는 사실을 느끼며 살아가고 있는 것이다.

① 나 여호와는 스스로 있는 자니라(출3:14).
② 태초에 말씀이 계시니라 이 말씀이 하나님과 함께 계셨으니 이 말씀이 곧 하나님이시니라(요1:1).
③ 여호와의 사자가 그에게 이르되 어찌하여 내 이름을 묻느냐 내 이름은 기묘니라(삿13:18).

(답3). 하나님의 존재와 사역은 인류역사 속에서 나타나고 있다.

  무신론주의 국가나 우상숭배 국가들이 하나님을 숭배하는 나라들보다 결코 행복하게 살지 못하고 있다는 사실을 우리는 주변에서 현실로 접할 수 있는데, **이는 하나님께서 인간의 삶에 일일이 관여하고 계신다는 사실을 나타내주는 증거라고 하지 않을 수가 없다.**
  한편 공산(사회)주의 국가인 중국과 러시아가 하나님을 믿는 미국과 한국보다 행복한 삶을 살지 못하고 있고, 우상숭배 나라들의 역사는 그리 오래 가지 못했거나 오늘날도 참혹한 비극을 겪고 있다.
  즉, ①점령하는 나라마다 제우스 신상과 큐피드 신상을 만들어 섬기게 하며 기독교를 혹독하게 박해했던 로마는 그 기독교에 의해 패망 당했고,
  ②전 지역에 신사를 만들어 놓고 참배를 강요했던 일본은 원자폭탄의 피해는 물론 지금도 대 지진의 재앙을 당하고 있으며, ③곳곳에 우상을 만들어 절하던 폼페이는 화산으로 인해 흔적도 없이 사라졌다.
  ④또한 승려와 무슬림으로 넘쳐나는 태국 · 필리핀 · 인도네시아 · 방글라데시는 태풍 · 홍수 · 지진 · 종교적 갈등으로 고통당하고 있고, ⑤무속인의 후손은 한두 명 빙의에 사로잡혀 고난을 당하고 있다.
  따라서 우리 인간은 우리 주변에서 뉴스 등을 통해 수시로 접하거나 듣고 · 보고 · 알게 되는 이러한 비극적인 사실들을 통해서도 하나님의 존재와 그 사역을 분명히 깨달을 수가 있는 것이다.
  현대문명의 이기는 대부분 성경에서 밝혀준 사실에 그 뿌리를 두고 있을 뿐만 아니라, 오늘날의 우주 과학자들은 앞으로 30년 이내에 인류는 엄청난 재앙을 맞게 된다고 예견했었는데 이는 BC 약 700년 전에 성경에 나오는 선지자들이 이미 예언했었던 사실이다.
  따라서 현대인들은 우주 자연의 징조와 과학을 통해서 하나님께서 인류사에 관여하신다는 사실을 느끼며 살아가고 있는 것이다.

(답4). 예수의 부활은 성경과 역사적 사실이 입증하고 있다.

 기독교에서 부활은 '생명' 그 자체를 뜻하는 복음의 핵심개념이다. 만약 예수님께서 부활하지 않았다면 석가의 말처럼 인생은 불행한 존재일 수밖에 없는데, 이는 창세기 3장 사건으로 인한 죄와 사탄의 압제 속에서 고난당하다가 죽음으로써 모든 게 끝나기 때문이다.
 즉, 예수 그리스도의 부활은 우연한 사건이거나 지어낸 사건이 아니라 성경의 예언이 그대로 성취되었던 엄연한 역사적 사실이다.
 따라서 기독교인들은 ①예수님께서 이 땅에 오신 것은 십자가에서 피 흘리시어 인간의 죄를 대신 지시기 위함이었다는 사실과, ②예수는 그리스도라는(기름부은 자; 왕, 제사장, 선지자) 사실을 입증하기 위해 구약의 예언처럼 다시 사셨다는 사실을 확실히 붙잡아야만 한다.
 성경 창3:15(여자의 후손), 출3:18(희생제사), 사53:5-8(십자가 대속), 마16:16(예수는 그리스도)의 언약들은 이미 모두 성취되었다. 다시 말해서 예수님께서 이 땅에 오시어 고난당하심으로 말미암아, 우리 인간은 근본 문제로부터 참 자유와 해방을 얻게 되었는데, 이를 가리켜 복음이라 하고 이러한 영적 축복을 받은 자를 하나님의 자녀라 한다.
 성경 마태복음 28장 7절과, 요한복음 20장 12절을 살펴보면 천사가 두 여인에게 예수님의 부활을 알려주고 빨리 가서 제자들에게 전하라고 하여 실패한 제자들을 갈릴리로 부르신 역사적 사실 등은 그들을 많은 사람들 앞에서 부활의 증인으로 세우시기 위함이었던 것이다.
 따라서 예수 그리스도의 부활은 인간이 죄와·저주와·사탄의 압제에서 벗어나 다시 살 수 있다는 것을 나타내주는 구원사역의 핵심이다.
 그리고 예수님의 부활은 지금도 역사하신다는 현재성과 심판주로 오실 것에 대한 미래성을 내포하고 있는데, 이는 예수님께서 인간의 과거, 현재, 미래의 모든 문제를 해결하셨음을 밝혀주는 증거인 것이다.

우리가 구약 성경 이사야서 53장 2-8절을 자세히 살펴보면 예수 그리스도가 어떻게 태어나고 어떻게 죽을까? 대해 언급하면서, 십자가 전경은 물론 왜 메시야가 십자가에 달리지 않으면 안 되었는지 그 이유까지 우리 인간들에게 자세하게 설명을 해주고 있다.

한편 이는 그 기술된 내용이 너무도 정확하여 오히려 많은 사람들로부터 비판을 받아 왔고, 또 "예수님의 십자가를 목격한 제자들이 선지자 이사야가 쓴 예언처럼 보이게 하기 위해 이사야서에 그 내용을 삽입한 것"이라 추정하고서 이를 믿는 자들을 조롱해 왔었다.

그러나 1947년 '사해사본'이 발견됨으로써 이는 사실로 밝혀졌다. 즉, 사해 서쪽의 쿰란지방에서 베들레헴으로 물건을 실어 나르고 있던 베두인 소년이 잃어버린 염소를 찾다가는 일부가 붕괴된 동굴에서 두루마리의 끝이 나와 있는 깨어진 항아리를 발견했었다.

그런데 이 항아리 속에는 구약 성경의 다른 사본들보다 천년이나 더 오래된 고대 히브리어로 기록된 두루마리로 쓰여 진 이사야서가 들어 있었다. 이를 사해사본이라 부르는데, 이는 이사야 53장이 예수님 이전부터 이사야서 속에 들어 있었다는 사실을 증명한 것이다.

① 나는 부활이요 생명이니 나를 믿는 자는 죽어도 살겠고 무릇 살아서 나를 믿는 자는 영원히 죽지 아니하리니(요11:25-26)
② 이때로부터 예수 그리스도께서 자기가 예루살렘에 올라가, 장로들과 대제사장들과 서기관들에게 많은 고난을 받고 죽임을 당하고 제 삼일에 살아나야 할 것을 제자들에게 비로소 나타내시니(마16:21, 막8:31, 눅24:7).
③ 그의 제자들에게 이르되 그가 죽은 자 가운데서 살아나셨고, 너희보다 먼저 갈릴리로 가시나니 거기서 너희가 뵈오리라 하라 보라 내가 너희에게 일렀느니라 하거늘(마28:7).

(답5). 성취된 예언과 성취되고 있는 예언을 통해서 믿을 수 있다.

가. 이미 성취된 예언(약, 7천여가지)

① 하나님께서 빛과(陽) 어두움을(陰) 먼저 창조하신 후에, 해와(陽) 달과(陰) 별을(오행; 木火土金水) 창조하여 연월일시를(年月日時) 이뤄지게 하심으로써, **이 세상을 음양오행(陰陽五行)의 법칙 하에 존재하게 했다는 발견**(창1:1-2) ▶아인슈타인 상대성원리로 확인됨

② 창세기 3장의 불순종 사건으로 인해 에덴에서 쫓아난 인간들을 **여자의 후손인 예수 그리스도를(동정녀) 통해 다시 구원해 주신다고 언약하신 예언**(창3:15, 사7:14). ▶하나님의 작정

③ 야벳 자손(백인종)은 바닷가에(유럽, 창10:5), 샘의 자손(동양인)은 동쪽 지방에(창10:30) 터전을 놓고, 함의 자손인 흑인은 노예생활 할 것에 대한 예언(창9:25-27). ▶인류사를 통해서 확인됨

④ **이스라엘 민족이 애굽(이집트)이란 나라에서 사백년 동안 종살이 한다는 사실은 물론, 바빌로니아와 로마의 속국이 될 것에 대한 예언**(창15:13, 사45:1, 렘25:11). ▶기독교 역사를 통해 확인됨

⑤ 예수를 십자가에 처형함으로써 이스라엘 민족이 세계 곳곳에서 핍박을 당하게 될 것이라 하신 예언(마21:43). ▶로마제국의 100만 명 유대인 학살과 히틀러의 유대인 600만 명 학살로 성취됨

⑥ **예수를 십자가에 못 밖은 죄로 인해 전 세계로 흩어졌던 이스라엘 민족이 고토로 다시 돌아온다는 예언**(겔37:21). ▶이스라엘 건국

⑦ 마지막 때 인간이 영화롭고 거룩한 산(하늘)과 바다에 궁전(호텔)을 짓고 살게 된다는 예언(단11:45, 암9:3). ▶두바이 버즈 알 아랍호텔

⑧ **인간이 번개 같은(원자핵의 방전 또는 융합) 수소폭탄을 제조한다는 예언**(겔21:10-11, 나2:3-4). ▶파편이 아닌 광선에 의한 살상무기

나. 앞으로 성취될 예언

① 동방에서 하나님을 영화롭게 하고(사24:15), 열국을 치리할 남자를 부르고 (사 41:2), 한 사람을 일으켜 북방에서 오게 하고, 주의 이름을 부르는 자들을 해 돋는 곳에서 오게 하신다는 예언(사41:25).

② 마지막 환난 때에는 하늘과, 바다 속에 궁전(호텔)을 짓고 숨어 살아도 하나님이 심판하신다는 예언(단11:45, 암9:3).

③ 이 세상은 물의 넘침으로 멸망하였으되, **하늘과 땅은 그 동일한 말씀으로 불사르기 위해 간수하여 불신자들의 멸망과 심판의 날까지 보존하여 둔 것이라고 하신 예언**(벧후3:6-7).

④ 중동지역에서(유프라테스) 2억 명의 군대가 집결해 제3차 세계 대전을 일으키고, **이때 번개 같은 무기인 핵무기를 사용해 한 시간 만에 세계인구 1/3이 멸망한다는 예언**(겔21:10, 계9:14-16).

⑤ 지구 위에는 **3번의 큰 전쟁이 있을 뿐만 아니라**(겔21:14-15) 제 3차 세계대전에서 이스라엘과 이집트민족은 큰 피해를 보게 되지만 (단11:41-42), **리비아는 적그리스도 국가와 연합함으로써 피해를 모면하게 된다고 한 예언**(단11:43).

⑥ 마지막 제3차 세계대전의 참화에서도 복음을 부여잡는 한민족은 벗어나게 된다고 하신 예언(단11:32, 44, 욜2:20, 슥6:1-8).

⑦ 방패(국기)와 옷(군복)이 붉은 색을 사용하는 나라인 중국이(나2:3) 세계를 재패한 뒤에(계13:3-10) **인조인간을(생기를 넣음) 만들게 하여 사람들을 참배케 하는 때가 온다는 예언**(계13:15-17).

⑧ 용이 짐승에게 생기를 주어(인조인간, 또는 생기가 들어간 로봇인간) 그 짐승의 우상으로 말하게 하고, **또 누구든지 우상인 이 짐승에게 경배하지 않거나 손이나 이마에 짐승의 표인 전자 칩을 받지 않으면 죽게 한다고 하신 예언**(계13:15-16).

● 논제(05). 6일 창조와, 창조론과 진화론의 진실은?

(답1). 6일은 6기간을 말하고, 진화론은 입증되지 않은 학설이다.

인간은 시조 아담의 불순종(선악과 사건)으로 인해 3차원 세계에 갇혀 유한대의 삶을 살아가고 있지만(창3:15), 성경에 나오는 에덴동산은 우리가 살고 있는 이 세상과는 달리 시작과 끝이 없는 4차원 대의 하루였다는 사실을 성경은 명확히 밝혀주고 있다(히7:2-3, 벧후3:8).

따라서 광대한 하나님의 창조사역과 성경의 해석을 이 세상 시간개념으로 접근을 하게 되면 심각한 오류를 낳을 수밖에 없게 된다.

영국의 옥스퍼드대학 교수이며 웨스트민스터 사원의 수석목사였던 '버클랜드는(1780-1847)' 창세기에서 나오는 6일 창조가 비유를 든 것이라 주장을 했고, 척추동물과 고생물학의 창시자인 '큐비에'도 '6일 천지창조'는 6기간 즉, 6등분의 창조라고 주장을 했다.

그런데 찬양받기 위한 목적으로 인간을 창조한 하나님께서는(전3:14, 사43:21) 아담에게도 당신의 작정과 그 능력을 알릴 필요성이 있었을 것이므로(시49:14, 잠29:26), 모세를 통해 기록한 창세기 역시 실낙원 이전 시점을 기준했을 것으로 보인다. 따라서 이러한 6기간 창조설은 사실인 것으로 보여 진다(벧전3:8, 무한대의 긴 시간이 존재함).

즉, 생명체를 바다에서부터 생성되게 하신 하나님께서는 이 세상에 미생물, 어류 · 조류 · 파충류 · 포유류 · 인간의 순서로 출현시키셨을 뿐만 아니라(창1:20-23), 현대인에 가장 근접한 인류의 출현은 신생대 초기로써 이는 6천만 년이라는 사실 또한 6기간의 창조설을 뒷받침 해주고 있다(아담 이후 성경연대는 6천년임).

따라서 생명체의 근원을 자연생성으로 보는 진화론자들의 주장은 많은 모순을 갖고 있다고 하지 않을 수가 없다.

그리고 사람과 동물은 유전인자·체세포·DNA 등이 확연히 다를 뿐 아니라 동물의 신체부위가 일부 발달한 흔적은 찾아볼 수 있지만, 사람으로 진화되어 가는 이상한 형태의 동물은 아직 발견된 적이 없다. **따라서 창조적 진화는 우리가 인정할 수 있지만 진화론 그 자체는 창조론에 대응할 만한 증거를 갖고 있지 않아 명확히 잘못된 학설이다.**

만약 ①지구가 23.5도 기울어져 자전과 공전을 하지 않는다면 사계절을 이룰 수 없고, ②달이 없다면 조수간만의 차가 일어나지 않음으로써 **바다에 산소가 공급되지 않아 생명체가 살 수 없고, ③만약 번개가 없다면 이 땅에 질소가 공급될 수 없어 식물이 자랄 수가 없다.**

그런데 이처럼 신비한 일들이 저절로 이루어졌다는 주장은 모순이 따른다 하지 않을 수 없을 뿐 아니라, **이러한 오묘하고 놀라운 창조주 하나님의 능력은 우리 인간이 찬양을 드리지 않을 수 없는 이유일 뿐 아니라, 하나님의 손길을 엿보게 하는 일인 것이다.**

① 오직 주는 여호와시라 **하늘과 하늘들의 하늘과 일월성신과 땅과 땅 위에 만물과 바다와 그 가운데 모든 것을 지었느니라**(느9:6).

② 만물이 그에게 창조되되 하늘과 땅에서 보이는 것들과 보이지 않는 것들과 **혹은 보좌들이나 주관들이나 정사들이나 권세들이나 만물이 다 그로 말미암고 그를 위하여 창조되었고** 또한 그가 만물보다 먼저 계시고 만물이 그 안에 함께 계셨느니라(골1:16-17).

③ 내가 종말을 처음부터 고하며 **아직 이루지 아니한 일을 옛적부터 보이고 이르기를 나의 모략이 설 것이니** 내가 나의 기뻐하는 일을 이루리라 하였노라(사46:10).

④ **무릇 하나님의 행하시는 것은 영원히 있을 것이라 더할 수도 없고 덜할 수도 없나니** 하나님이 이같이 행하심은 사람으로 그 앞에서 경외하게 하려 하심인 줄을 내가 알았도다(전3:14).

(답2). 진화론은 가설에 의한 주장일 뿐, 진실은 아니다.

창조는 진정한 과학이고, 진화론은 가설에 의한 이론에 불과하다는 사실을 알 수가 있다. 진화론에서 진화는 우주진화·화학진화·대진화로 분리해 절대적 취약점을 갖고 있음에도, 사람들이 전혀 의심과 질문 없이 무비판적으로 수용하고 있어 기이한 현상이 아닐 수 없다.

세상의 모든 것들은 다 인과관계가 있다. 그런데 진화론자들에게 먼저 지구상에 살고 있는 150만종의 생명체는 어떻게 생겨났느냐? 질문하면 지구라는 별이 있기 때문이라고 말할 것이고, 이 지구는 어떻게 생겨났느냐? 질문하면 당연히 우주로 인해서 생겨났다고 말할 것이다.

그렇다면 그 우주는 어떻게 해서 생겨났느냐? 다시 질문하면, 진화론을 믿는 과학자들은 당연히 빅뱅(대폭발)으로 인해서 탄생되었다고 말할 것이다. 그런데 여기서 나아가서 한 가지 더 질문을 한다면 과학자들은 입을 다물 수밖에 없다는 사실을 우리는 깨달아야만 한다.

바로 그 대폭발은 무엇으로 일어났느냐는? 질문이다. 빅뱅이론이 정말 사실이라면 대폭발을 설명하기에 앞서 대폭발의 순간 또한 설명할 수 있어야 할 것이고, 설령 그 이전에 무엇이 있었다고 해도 계속 이러한 질문법으로 계속 질문해도 계속 답을 해야만 할 것이다. 따라서 진화론은 바로 기원이 없다는 사실을 밝혀주는 것에 불과하다.

진화론은 계속되는 이러한 질문과 의문에 대하여 답을 할 수 없는 절벽에 떨어지는 이론에 불과한 것이다. 그러므로 다시 말해서 기원이 없고, 단지 기원의 기원 이렇게 계속하여 순환오류를 범하게 된다면 결국 시작이 없다는 거짓 답이 나올 수밖에 없게 되는 것이다.

앞으로도 이 분야에 관해서는 과학자들도 명확하게 설명을 할 수도 없을 뿐 아니라 제대로 밝혀낼 수도 없을 것이다. 결국, 과학자들은 태초에 관해서 두 가지 선택을 할 수밖에 없을 것이다.

즉, 신이 존재하느냐? 하지 않느냐? 선택 말이다. 모든 것에는 원인과 인과관계가 존재한다. 이에 대한 1차 만물의 요인을 설명하지 못한다면 그 후에도 그 이전에도 없다는 말밖에는 되지 않기 때문이다.

그 1차 만물의 요인에는 조건이 있다. 바로 무엇이 생겨나기 이전에 존재해야 한다는 말이다. 즉 시간과 공간을 초월하여 스스로 있는 존재가 필요하고 만물을 창조할만한 능력도 지녀야 한다는 것이다.

여기서 떠오르는 존재가 계시는데 바로 하나님이시다. "나는 스스로 있는 자니라(출3:14)." "나는 알파와 오메가요 처음과 나중이요 시작과 끝이니라(계22:13)." "나는 기묘자라(사9:6, 삿13:18)" 하심으로써, 하나님께서는 분명히 만물의 요인을 충족시킬 수 있을 뿐만 아니라 만물을 창조할만한 능력을 지니셨고 또 나타내셨다.

따라서 오늘날 과학계에서 하나님을 배제하게 되면 결국 자기 자신은 존재할 수 없다고 말하는 논리를 낳을 수밖에 없게 되는 것이다. **따라서 여기서 알베르트 아인슈타인의 명언을 생각나게 하고 있다. 즉, "과학이 없는 종교는 소경이고, 종교가 없는 과학은 절름발이이다."**

빅뱅이론은 1974년 '가모프'가 원시원자이론을 확장하여 제안한 것으로서 지금으로부터 100-200억 년 전에 1016K/C 이상의 초고온과 1016g/cm3 이상의 초고밀도의 원초물질이 폭발하여 우주가 형성되었다는 이론이다. 과학계에서는 대폭발 이후에는 수학과 물리학 등 여러 지식을 총동원하면 어느 정도 계산이 나올 수 있지만, **근본적으로 빅뱅 (대폭발)의 원초물질은 어디서 왔으며, 그 폭발의 원동력은 무엇이며, 어떻게 일어났는지에 대한 의문에는 답하지 못하고 있다.**

과학계에서는 빅뱅이론의 근본적인 문제점을 보완하기 위해 여러 이론을 제시하고 있다. 그것이 인플레이션 이론과, 끈이론이다. 그리고 '끈이론'을 살펴보면, 빅뱅을 일으킨 근본적인 문제를 해소하기 위해 학자들은 여러 가지 전제와 가정을 한 뒤 풀어나가고 있다.

태초는 무이다. 아무것도 없고 어떠한 원인도 작용도 없는 無작용 無상태 無규칙, 즉 완전한 無일뿐이다 그러나 양자 역학에서는 다르다. 그들이 주장하기로는 완전한 무란 존재치 않고, **일정한 양자의 요동이 있었는데, 그것이 빅뱅을 일으킨 근원이 되었다고 말한다. 즉 우주가 스스로 존재하며 그 우주가 만물을 창조했다는 것이다.**

진화론자들은 현재의 모든 만물과 정해진 법칙 등을 과거에 대해 이런 저런 가정을 하여 추정해나가는 식으로 모든 것을 설명하고 있다. **다시 말하면 진화론은 자연에게 신의 역할을 감당시켜 놓고서 시간과 확률로 모든 것을 이해시키고 설명하려 한다는 점에서 많은 모순을 안고 있어, 가설에 의한 입증되지 않은 학설에 불과한 것이다.**

그러나 하나님의 창조의 능력을 입증할 증거들은 성경에서 얼마든지 찾아볼 수 있다. 즉, ①오늘날에 고고학·역사학·지정학적으로 밝혀지고 있는 많은 사실들은 물론, ②음양오행의 발견(창1:3-19), ③뉴턴보다 약 1000년 전에 이미 발견했었던 지동설과 만류인력(욥26:7-8), 및 ④원자핵의 방전과 융합에 따라 일어나는 번개 같은 무기인 핵무기의 발명(겔21:10-15), ⑤세 계층의(은하계 등) 하늘의 발견(느9:6) 등, 현대 과학은 성경에서 이미 밝혀주고 있는 사실에 대해서 다시 발견한 것에 불과하다는 사실을 우리는 성경에서 찾아볼 수가 있다.

성경은 또 오늘날 현대과학에 논란의 대상이기도 한 지구촌 외의 ①다른 위성에 바람과(시135:7)·물과(시33:7)·우박이 존재하고 있다는 사실을 밝혀주고 있을 뿐만 아니라(욥38:22), ②앞으로 인간이 땅 밑 바다 속과 우주에 가서 기거를 하고(암9:2-3), ③국기와 군복이 붉은 색이며(나2:3) 용을 자신들의 상징물로 하는 동방의 나라가(계12:3-4) ④이억 명의 군인을 이끌고 유프라테스 강가로 쳐들어가서 제3차 세계대전을 일으킴으로써, 지구촌 사람들의 1/3을 죽게 한다고 예언을 하고 있다(계9:14-16).

그리고 성경은 이들 나라들이 중심이 되어서 인간이 인조인간을(복제인간이나 생기가 들어간 로봇인간) 만들어 숭배하게 할 뿐 아니라, **이러한 괴물을(미운물건) 상징하는 666 숫자(전자칩)를 지구촌의 모든 사람들에게 손과 이마에 주입케 한다고**(계13:15-18) 지금부터 2000천년 전에 예언을 하고 있어 이 또한 놀라운 일이 아닐 수 없다.

따라서 성경에서 나타내주고 있는 이러한 많은 증거들은 하나님의 창조사역과 능력을 입증하는 것이라 하지 않을 수가 없다.

① 그는 북편 하늘을 허공에 펴시며 땅을 공간에 다시며(욥26:7).

② 오직 주는 여호와시라, **하늘과 하늘들의 하늘과 일월성신과 땅과** 땅 위의 만물과 바다와 그 가운데 모든 것을 지으시고 다 보존하시오니 모든 천군이 주께 경배하나이다(느9:6).

③ 저가 권세를 받아 그 짐승의 우상에게 생기를 주어 그 짐승의 우상으로 말하게 하고 또 짐승의 우상에게 경배하지 아니하는 자는 몇이든지 다 죽이게 하더라, 저가 모든 자 곧 작은 자나 큰 자나 부자나 빈궁한 자나 자유한 자나 종들로 그 오른손에나 이마에 표를 받게 하고 누구든지 이 표를 가진 자 외에는 매매를 못하게 하니, **이 표는 곧 짐승의 이름이나 그 이름의 수라 지혜가 여기 있으니 총명 있는 자는 그 짐승의 수를 세어 보라 그 수는 사람의 수니 육백 육십 륙이니라**(계13:15-18).

④ 저가 바닷물을 모아 무더기 같이 쌓으시며 깊은 물을 곳간에 두시도다(시33:7).

⑤ 나팔 가진 여섯째 천사에게 말하기를 큰 강 유브라데에 결박한 네 천사를 놓아 주라 하매 네 천사가 놓였으니, **그들은 그 년 월 일 시에 이르러 사람 삼분의 일을 죽이기로 예비한 자들이더라 마병대의 수는 이만만이니 내가 그들의 수를 들었노라**(계9:14-16).

● 논제(06). 창조론의 진실에 대한 명확한 분석과 조명

(답1). 순차적인 하나님의 창조사역과, 물의 창조

오늘날 많은 기독교 지도자들과 신자들은 지금까지 전해져 내려오고 있는 유전적인 학설만 믿고서(막7:13), **하나님께서 천지 만물을 창세기 1장에 나오는 천지창조 때에 창조한 것으로 잘못 알고 있다.**

그러나 하나님께서 천지를 창조하기 전에 수면 위를 운행하심으로써, **물은 창세기 1장에 나오는 천지창조 이전에 창조되어 존재했었다는 사실을 성경은 밝혀주고 있다**(창1:1-2, 느9:6, 욥38:4-7, 잠8:23).

그리고 창세기 1장은 하나님께서 6일 동안에 말씀으로 천지만물을 창조했다고 요약해 기술해주고 있지만(창1:3-30), 창세기 2장에서는 창조의 순서와 방법 등을 보다 더 자세히 설명해주고 있다(창2:4-14). **따라서 이는 하나님께서 이 세상을 창조하실 때 먼저 생명체가 존재할 수 있는 환경부터 조성하셨다는 사실을 알 수가 있는 것이다.**

즉, ①하나님께서는 물 분자에 산소를 머금게 하시어 바다에서부터 생명체가 생성하도록 하셨으며(창1:20), ②육지의 지면에 안개만 자욱했다고 하여 대기권의 공기 속에 산소와 물을 머금게 하셨고, ③식물은 이끼류부터 생하게 했음을 알 수 있을 뿐만 아니라(창2:4-6), ④사람은 말씀이 아니라 하나님께서 직접 손으로 빚어 만드셨다(창2:7).

그러므로 하나님의 말씀을 바르게 알기 위해서는 전체 성경을 자세히 조명해 심도 있는 분석을 거쳐야만 명확히 알 수 있게 되는 것이다.

① 태초에 하나님이 천지를 창조하시니라 땅이 혼돈하고 공허하며 **흑암이 깊음 위에 있고 하나님의 영은 수면 위에 운행하시니라**(창 1:1-2).

(답2). 하늘들의 하늘과, 하나님의 아들들과, 천사를 먼저 창조했다.

가. 신령세계와, 영(靈)들의 창조

하나님의 천지창조에 대해서 성경을 살펴보면 궁창이 곧 하늘이라고 부연 설명을 해주고 있을 뿐만 아니라(창1:8), **하늘은 첫째**(궁창아랫물) **하늘, 둘째**(궁창)**하늘, 셋째**(궁창윗물)**하늘 등의 세 계층의 하늘이 존재하고 있다는 사실을 성경은 명확히 밝혀주고 있다**(창1:7-8, 느9:6).

그리고 성경은 하나님께서 ①'솔로몬 왕'을 하나님께서 태초에 일을 하시기 전에 먼저 창조하시어 **만세 전에**(중략) **땅과 바다를 창조하시기 전에 존재했었다고 밝혀주고 있을 뿐 아니라**(잠8:22-24),

②동방의 선지자인 '욥'은 '루시퍼 천사'와 '하나님의 아들들'이 하나님께서 창세기 1장의 천지만물을 창조하실 때 이를 바라보고 기뻐 노래를 부르고 소리를 질렀다고 명확히 기록을 하고 있고(창1:1, 욥38:7),

③이사야 선지자는 앞으로 하나님께서 심판주로 오시게 된다는 사실을 (사40:10) 우주만물을 창조하시기 전에 우리 인간들에게 전하여 알고 있지 않느냐(사40:21)?" 하고서 반문을 하고 있다.

따라서 성경에 나타나고 있는 이러한 사실들은 하나님께서 첫째하늘 세계이며 물질세계인 '에덴동산'을 창설하시기 전에 **셋째하늘 세계를** (신령세계) **창조하실 때, 피조물의 주인공인 우리 인간을 영으로 먼저 창조해서 존재하고 있었다는 사실을 밝혀주고 있는 것이다.**

즉, 아담은 에덴에서 하나님께 생기를 받았을 때에(창2:7), 실낙원 후에 죄의 유전자를 지니고 태어난 우리들은 어머니 배속에서 잉태될 때(렘1:5), **셋째하늘에서 이미 창조되어 존재하고 있던 각자의 영이 빚은 흙**(아담)**과 어머니 배속으로 들어와**(우리들) **생하여 영·육·혼의 삼위일체로 탄생하게 되었다는 사실을 깨닫게 해주고 있다.**

결론적으로 성경은 하나님께서 당신의 작정에 따른 하늘나라의 설립과 통치를 위해 **셋째하늘**(신령세계)을 **창조하실 때 피조물의 주인공인 우리 인간은 물론**(히1:14), **천사와 사탄을 영체로 먼저 창조하셨다는 사실을 명확히 입증을 해주고 있다**(잠8:22-31, 느9:6, 골1:16).

그리고 성경은 셋째하늘 세계인 하늘나라에는(고후12:2-3) 하나님의 아들인 사람들이 영체로 많이 살고 있을 뿐만 아니라(욥38:7), **장자들의 총회도 있는 것으로 밝혀주고 있다**(히12:23).

① 여호와께서 그 조화의 시작 곧 태초에 일하시기 전에 나를 가지셨으며 **만세 전부터, 태초부터, 땅이 생기기 전부터 내가 세움을 받았나니 아직 바다가 생기지 아니하였고 큰 샘들이 있기 전에 내가 이미 났으며** 산이 세워지기 전에, 언덕이 생기기 전에 내가 이미 났으니(잠8:22-25).

② 오직 주는 여호와시라 **하늘과 하늘들의 하늘과 일월성신과 땅과 땅 위의 만물과 바다와 그 가운데 모든 것을 지으시고 다 보존하시오니** 모든 천군이 주께 경배하나이다(느9:6).

③ 바다가 그 모태에서 터져 나올 때에 문으로 그것을 가둔 자가 누구냐 **그 때에 새벽 별들이 기뻐 노래하며 하나님의 아들들이 다 기뻐 소리를 질렀느니라**(욥38:6-7).

④ **하늘에 기록된 장자들의 모임과 교회와 만민의 심판자이신 하나님과 및 온전하게 된 의인의 영들과** 새 언약의 중보자이신 예수와 및 아벨의 피보다 더 나은 것을 말하는 뿌린 피니라(히12:23-24).

⑤ 내가 그리스도 안에 있는 한 사람을 아노니 **그는 십사 년 전에 셋째 하늘에 이끌려 간 자라**(중략) **그가 낙원으로 이끌려가서** 말로 표현할 수 없는 말을 들었으니 사람이 가히 이르지 못할 말이로다(고후12:2-4).

나. 음양오행과 물질세계의 창조(첫째하늘인 태양계)

성경을 자세히 살펴보면 하나님께서는 말씀으로 궁창윗물의 하늘, 궁창하늘, 궁창아랫물의 하늘 등 세 계층의 하늘을 창조하셨음에도 불구하고, 유독 궁창아랫물의 세계이면서 물질세계인 이 세상의 창조에 대해서 좀 더 자세히 기술해주고 있다(창1:6-9, 2:4-25).

그리고 성경은 창세기 1장 14-15절에 나오는 해와(陽) 달과(陰) 별들의(木火土金水) 빛과는, 다른 빛과(陽) 어두움(陰)에 의한 낮과 밤을 창세기 1장 2절에서 먼저 창조한 사실 또한 밝혀주고 있다.

한편 천사(陽)와 사탄(陰), 남자(陽)와 여자(陰)의 창조는 물론, 어떤 물체를 작은 소립자로 분쇄하여 고성능 현미경으로 자세히 살펴보면 중간에 원자핵이(陽, 陰) 있고, 이 원자핵 주위를 전자가(五行) 끊임없이 돌고 있다는 사실을 찾아볼 수가 있다(컴퓨터, 스마트폰, 세포).

즉, 이는 하나님께서 첫째 하늘세계인 이 세상을 상대성 원리와 음양오행의 법칙으로 창조하셨다는 사실을 나타내주고 있는 것이다.

성경은 또 하늘에 바람창고와(시135:7, 렘10:13), 물창고와(시33:7), 우박창고(욥38:22) 등의 곳간이 있다고 하고 있어, 태양계 외에 다른 외계에 생명체가 살고 있다는 사실을 밝혀주고 있는데, 이 또한 오늘날의 과학자들이 유념해야할 일이 아닐 수 없다.

그런데 성경은 하나님의 작정에 따라서 누구든지 예수 그리스도를 영접하여 성령으로 거듭나기만 하면(요3:5) 죄와 사망의 법에서 해방되어(롬8:1-2) 하나님의 자녀로 원상회복될 뿐 아니라(요1:12), 사탄의 능력을 제어할 수 있는 권세까지 주셨다고 말씀하고 있다(눅10:19).

따라서 이는 우리가 예수 그리스도를 영접해 성령으로 거듭나기만 하면, 하나님의 작정인 음양오행의 법칙인 사주팔자 운명에서 벗어나 새로운 삶을 구현할 수 있다는 사실을 밝혀주고 있는 것이다.

성경에 나오는 아브라함, 야곱, 요셉, 모세, 사무엘, 엘리아, 엘리사, **다윗 왕, 다니엘, 이사야, 에스겔, 요엘, 미가, 나훔, 스가랴, 세례요한,** 등은 물론 오순절 성령강림 이후의 초대교인들과 사도바울 등이 이러한 사람들인 것이다.

① 하나님이 가라사대 빛이 있으라 하시매 빛이 있었고 그 빛이 하나님의 보시기에 좋았더라 하나님이 빛과 어두움을 나누사 빛을 낮이라 칭하시고 어두움을 밤이라 칭하시니라 저녁이 되며 아침이 되니 이는 첫째 날이니라, 하나님이 가라사대 물 가운데 궁창이 있어 물과 물로 나뉘게 하리라 하시고 하나님이 **궁창을 만드사 궁창 아래의 물과 궁창 위의 물로 나뉘게 하시매** 그대로 되니라 하나님이 궁창을 하늘이라 칭하시니라 저녁이 되며 아침이 되니 이는 둘째 날이니라, **하나님이 가라사대 천하의 물이 한곳으로 모이고 뭍이 드러나라 하시매 그대로 되니라**(창1:6-9).

② 하나님이 가라사대 하늘의 궁창에 광명이 있어 주야를 나뉘게 하라 **또 그 광명으로 하여 징조와 사시와 일자와 연한이 이루라 또 그 광명이 하늘의 궁창에 있어 땅에 비춰라 하시고**(창1:14-15).

③ 예수께서 대답하시되 진실로진실로 네게 이르노니 **사람이 물과 성령으로 나지 아니하면 하나님 나라에 들어갈 수 없느니라,** 육으로 난 것은 육이요 성령으로 난 것은 영이니 내가 네게 거듭나야 하겠다 하는 말을 기이히 여기지 말라(요3:5-7).

④ **내가 너희에게 뱀과 전갈을 밟으며 원수의 모든 능력을 제어할 권세를 주었으니 너희를 해할 자가 결단코 없으리라**(눅10:19).

⑤ 베드로가 가로되 은과 금은 내게 없거니와 내게 있는 것으로 네게 주노니, **곧 나사렛 예수 그리스도의 이름으로 걸으라 하고 오른손을 잡아 일으키니 발과 발목이 곧 힘을 얻고 뛰어 서서 걸으며**(행3:6-8).

● 논제(07). 창세기 6장의 하나님의 아들들은 어떤 자들인가?

(답). 아담이 선악과 범죄 전에 낳은 자들이다.

　하나님께서 선악과 사건으로 인해 아담과 하와를 처벌할 때에 ①잉태하는 고통을 준다고 하지 않고 크게 더한다고 하시어, 선악과 사건 이전에도 잉태하는 수고가 있었다는 사실을 밝혀주고 있고(창3:16), ②아벨이 죽은 후 이 땅엔 아담과 하와 및 가인 자신밖에 없음에도 하나님께서 가인을 죽이지 못하게 표를 준 사실과(창4:15), ③가인이 셋이 태어나기 전에 에덴동산 동편에 있는 여자와 결혼했었던 사실 등을 살펴보면(창4:16-17), 아담과 하와가 선악과 범죄 후는 물론 이전에도 자손을 낳았었다는 사실을 성경이 입증을 해주고 있다.

　한편 전지전능하신 하나님께서 에덴동산을 창설하자마자 그 즉시 아담이 선악과를 따먹게 작정한 모순된 하나님이 아닐 것으로 판단된다. 그리고 만약 이처럼 아담이 선악과 범죄 전에 자손을 낳았다고 한다면 각기 자유의지를 가진 이들 아담의 자손들 모두가 함께 아담과 하와를 좇아 선악과를 먹었다고 볼 수는 없는 것이다(겔18:4, 19-20).

　따라서 창6:2의 하나님의 아들들은 솔로몬처럼 셋째하늘에서 영으로 먼저 창조된(잠8:22-31, 욥38:4-7) 즉, 선악과 사건 이전에 아담을 통해 육을 입어 죄의 유전자가 없기 때문에 하나님의 아들들인 것이다.

　그런데 이러한 하나님의 아들들이 선악과 범죄 후 죄의 유전자를 지닌 아담을 통해서 육을 입고 태어난 사람의 딸들에게 장가를 들게 되어 일종의 기형체인 네피림이 탄생되었던 것이다.

　때문에 하나님께서 만세 전에 이 세상을 창조하시기 전에 작정하신 ①공의와, ②창조의 법칙과, ③우주만물의 질서를 지키기 위해 부득불 이 세상을 홍수로 멸하셨던 것으로 보인다(시49:14, 왕하19:25).

한편 ①이들을 천사로 보는 성서원 성경의 주석은 하나님의 아들과 천사를 별체로 밝혀주고 있는 말씀과(욥38:7), 천사는 육과 성이 없어 혼인을 할 수 없다는 말씀에 배치되어 잘못된 해석이고(마22:30), ②이들을 셋의 아들로 보는 아가페 성경 주석 또한 하나님의 아들들은 천사처럼 영체이거나(욥2:1, 38:7), 육을 가진 경우는 멜기세덱 제사장이나 천년세계 사람들처럼(요8:44) 하나님 자녀로 원상회복된 4차원 체의 사람들이기 때문에 명확히 잘못된 해석이다(계20:6).

그런데 이러한 하나님의 아들들이(창6:2절) 육을 갖고서 혼인을 하는 사실 등을 살펴보면 이러한 하나님의 아들들은 멜기세덱 제사장처럼 죄의 유전자가 없는 **4차원 체 사람들로써**(히7:1-7), **아담과 하와가 선악과 범죄 전에 낳은 자들로 보는 것이, 전체 성경 내용에 부합될 뿐만 아니라 가장 타당한 해석이 된다.**

그러나 "아담으로부터 모세까지 아담의 범죄와 같은 죄를 짓지 아니한 자들 위에도 사망이 왕 노릇했다고 하여(롬5:14)" 이들도 육으로는 아담의 자손이기에 에덴동산에서 쫓겨났던 것으로 보인다(창3:24).

① 또 여자에게 이르시되 내가 **네게 잉태하는 고통을 크게 더하리니 네가 수고하고 자식을 낳을 것이며**, 너는 남편을 사모하고 남편은 너를 다스릴 것이니라 하시고(창3:16).

② 가인이 여호와의 앞을 떠나 나가 **에덴 동편 놋 땅에 거하였더니 아내와 동침하니 그가 잉태하여 에녹을 낳은지라**, 가인이 성을 쌓고 그 아들의 이름으로 성을 이름하여 에녹이라 하였더라(창4:16-17).

③ **하나님의 아들들이 사람의 딸들의 아름다움을 보고 자기들의 좋아하는 모든 자로 아내를 삼는지라**(중략), 그러나 그들의 날은 일백 이십 년이 되리라 하시니라 당시에 땅에 네피림이 있었고 그 후에도 **하나님의 아들들이 사람의 딸들을 취해 자식을 낳았으니**(창6:2-4).

● 논제(08). 하나님께서 사람과 천사를 왜 창조 했는가?

(답). 경외와 찬양을 받기 위해서 창조했다.

성경은 인간이 하나님의 형상대로 창조되었다는 사실을 밝혀주고 있을 뿐만 아니라(창1:26-27). 하나님께서도 인간들처럼 희로애락을 느끼시는 인격체이기 때문에, 당신의 의와 거룩하심에 대해 피조물인 우리 인간들과 천사들에게 찬양과 경외를 받으시기 원하셨다.

그러므로 하나님께서는 당신의 작정과 정체성인 공의와 사랑의 실현을 통해 당신의 거룩하심을 나타내심으로써, **찬양과 존경을 받기 위한 목적에 따라 인간과 · 천사와 · 사탄을 창조하셨다고** 성경은 명확하게 밝혀주고 있는 것이다(골1:16, 욥38:4-7, 전3:14, 사43:21).

① 이 백성은 내가 나를 위하여 지었나니 나의 찬송을 부르게 하려 함이니라(사43:21).
② 무릇 하나님의 행하시는 것은 영원히 있을 것이라 더 할 수도 없고 덜 할 수도 없나니 하나님이 이같이 **행하심은 사람으로 그 앞에서 경외하게 하려 하심인 줄을** 내가 알았도다(전3:14).
③ 만물이 그에게 창조되되 하늘과 땅에서 보이는 것들과 보이지 않는 것들과 혹은 **보좌들이나 주관들이나 정사들이나 권세들이나 만물이 다 그로 말미암고 그를 위하여 창조되었고**(골1:16).
④ 그는 근본 하나님의 본체시나 하나님과 동등 됨을 취할 것으로 여기지 아니하시고(중략) 죽기까지 복종하셨으니 곧 십자가에 죽으심이라, **이러므로 하나님이 그를 지극히 높여 모든 이름 위에 뛰어난 이름을 주사 하늘에 있는 자들과 땅에 있는 자들과 땅 아래 있는 자들로 모든 무릎을 예수의 이름에 꿇게 하시고**(빌2:6-11).

● 논제(09). 인간에게 고통을 가져다준 선악과를 왜 만들었나?

(답). 하나님의 작정에 따라 언약을 세우려고 만들었다.

성경은 하나님께서는 찬양과 경외를 받으시기 위해서 아담에게 자유의지를 부여해 창조하셨다고 명확히 밝혀주고 있다(전3:14, 사43:21).

즉, 하나님께서는 아담에게 에덴동산의 축복을 누릴 수 있는 자격의 부여를 위해 "선악과를 먹으면 반드시 죽는다"는 계명도 함께 주어, 당신의 정체성인 공의와 사랑을 실현하셨다(창2:17).

따라서 선악과나무를 에덴동산 중앙에 둔 것은 인간이 이를 쳐다볼 때마다 당신과의 언약을 기억하게 하기 위함이었던 것으로 보인다.

그러나 파수자의 사명을 받고 에덴동산을 지키던 그룹천사가(창3:24) 그 의무를 등한시 하고 순간 제 위치를 이탈하자마자(유1:6) 사탄이 즉각 에덴동산을 침입해 뱀을 통해서 아담과 하와를 유혹했다.

그런데 이러한 유혹을 뿌리치지 못한 아담이 하나님과의 언약을 어김으로써 인간은 영이 죽고 고통의 삶이 시작되었던 것이다(창3:15).

즉, 인간은 스스로 에덴동산의 축복과 삶의 자격을 저버린 것이다.

그럼에도 불구하고 하나님께서는 당신의 작정에 따라 독생자이며 당신의 본체이시기도 하신, **예수 그리스도를 이 땅에 보내시어 대신 피 흘리시게 하심으로써 당신의 거룩하심을 확증하셨다**(롬5:8).

① 또 자기 지위를 지키지 아니하고 자기 처소를 떠난 천사들을 큰 날의 심판까지 영원한 결박으로 흑암에 가두셨으며(유1:6).
② 여호와 하나님이 그 사람에게 명하여 가라사대 동산 각종 나무의 실과는 네가 임의로 먹되, **선악을 알게 하는 나무의 실과는 먹지 말라 네가 먹는 날에는 정녕 죽으리라 하시니라**(창2:16-17).

● 논제(10). 하나님께서 사람을 심판하실 수밖에 없는 이유는?

(답1). 심판을 하지 않으면 하나님께서 스스로 설 수 없게 된다.

하나님은 무소부지하시고 무소부재하시고 무소불능하실 뿐 아니라 (마10:29-30) 완전하시고 거룩하시기 때문에, 그 어떤 경우도 당신의 정체성인 공의와 사랑의 실현을 변개할 수는 없다(사51:6).

즉, 하나님께서 당신의 언약을 저버린 인간과·범죄 한 천사와·사탄을 심판하지 않는다면, 당신의 작정과 정체성인 공의가 흔들리게 되어 당신께서 스스로 설 수가 없게 되는 것이다(사14:24, 시111:7).

따라서 하나님께서는 "먹으면 죽는다"는 언약을 어김으로 영이 죽은 인간을 구원하기 위해서(창3:12-21) 당신의 본체이며 독생자인 예수 그리스도를 이 땅에 보내어 대신 피 흘리시게 하심으로서(빌2:6-11), 당신의 정체성인 공의와 사랑을 실현하셨다(요19:14-23, 사53:5).

그러므로 하나님께서 유혹의 영인 사탄을 두어, 당신과의 언약에 대한 실천여부를 따져 인간을 심판하시는 당신의 작정에 대해서 피조물인 우리 인간은 가타부타 논할 수 없는 것이다(창3:4-5, 요일3:8).

즉, 이는 당신의 고유영역인 당신의 뜻에 따른 것으로 피조물인 인간이 관여할 수 없는 영역이기 때문에, 하나님께서는 우리 인간들에게 이러한 생각 자체를 금지하셨던 것이다(사14:12-14, 겔28:14-17).

때문에 이러한 발상을 한다는 것은 피조물인 인간이 창조주와 동급 관계를 설정하려는 오만한 발상이 되는 것이다.

① 내가 너로 여자와 원수가 되게 하고 너의 후손도 여자의 후손과 원수가 되게 하리니 **여자의 후손은 네 머리를 상하게 할 것이요** 너는 그의 발꿈치를 상하게 할 것이니라 하시고(창3:15)

(답2). 모든 사람에게 구원의 기회를 주고 심판하신다.

　하나님께서는 모든 사람들이 진리를 알고서 구원받기를 원하시지만 (딤전2:4), **하나님의 작정에 따라 자유의지를 부여 받은 우리 인간의 구원 여부는 각 개인의 선택에 따라 정해지는 것으로 성경은 명확하게 밝혀주고 있다**(창3:6-19, 요3:16, 고후2:16).

　따라서 인간은 죽을 때 각자 이 세상에서 행한 행위로 인해 생하게 되는 냄새에 따라서(고후2:16), 천사(중생자) 또는 마귀에게(불신자) 이끌려 천국과 지옥으로 가게 되는 것으로 보인다(유1:9, 계20:12-15). **즉, 이는 미국 배우 데미무어 출연의 '사랑과 영혼'이란 영화에서 주인공의 영혼은 하늘에서 내려오는 빛을 따라 하늘로 올라가고, 살인을 한 친구는 흑암에 휩쓸려 땅속(지옥)으로 들어가는 것과 같은 현상이다.**

　그러므로 인간의 진정한 삶의 길은 하나님의 작정에 따라서 존재하는 유혹의 영인 사탄을(창3:4-5, 요일3:8) **예수 그리스도의 이름과 하나님 자녀의 권세로 물리치고서**(요1:12, 눅10:19), **승리의 삶을 구현하는 길 뿐이라는 사실을 성경은 깨우쳐주고 있다**(롬8:35).

① 하나님은 모든 사람이 구원을 받으며 진리를 아는데 이르기를 원하시느니라(딤전2:4).
② 주의 약속은 어떤 이들이 더디다고 생각하는 것같이 더딘 것이 아니니라, 오직 주께서는 너희를 대하여 오래 참으사 아무도 멸망하지 아니하고 다 회개하기에 이르기를 원하시느니라(벧후3:9).
③ 우리는 구원 얻는 자들에게나 망하는 자들에게나 하나님 앞에서 그리스도의 향기니, 이 사람에게는 사망으로 좇아 사망에 이르는 냄새요 저 사람에게는 생명으로 좇아 생명에 이르는 냄새라 누가 이를 감당하리요(고후2:15-16).

● 논제(11). 성경에 나오는 영들의 옥은 무엇인가?

(답). 십자가 전에 죽은 자들은 영계에서 믿고 구원받은 자들도 있다.

하나님의 작정에 따라 우리 인간은 누구나 하나님의 언역을 어김으로 인한 원죄를 상속받아 영이 죽었기 때문에, 예수 그리스도의 십자가 대속을 통해서만 구원을 받을 수가 있다(히9:26-28).

따라서 지금까지의 신학적 정설과는 다르겠지만, 예수님 부활 이전에 오실 예수를 믿었던 사람들은, 낙원도 음부도 아닌 미결인 상태로 영옥 (靈獄)에 머물러 있었던 것으로 성경은 밝혀주고 있다(벧전4:6).

이러한 사실은 또 예수 그리스도가 죽은 자들에게 복음을 전했던 엄연한 사실과(벧전3:19, 4:6), **일평생 하나님의 뜻을 좇아 살았던 사무엘 선지자와 하나님의 말씀을 거역했던 사울 왕이 같은 곳에 가서 있었다는 사실에서도 입증이 되고 있다(삼상28:15-19).**

즉, 예수 부활 이후에 예수님을 믿은 자들은 죽으면 즉시 낙원으로 간다(눅23:43). 그러나 부활 이전에 죽은 자들은 오실 예수를 믿은 자들과(벧전3:19-20) **영계에서 전한 복음을 믿은 자들은 예수님께서 부활하실 때 함께 부활해(마27:52-53) 낙원으로 갔지만(눅16:19-31;** 천국과 지옥은 백보좌 심판 후에 감), **하나님으로부터 유기되어 믿지 않았던 자들은 음부로 끌려가게 되었던 것으로 보인다(시49:14).**

그러나 하나님께서는 모든 사람들이 진리를 알고서 구원을 받기 원하시기 때문에(딤전2:4, 벧후3:9), ①양심 심판은 물론(롬2:14), ②사망에 이르지 않는 죄도 있다고 성경은 밝혀주고 있다(요일5:17).

한편 모세의 시체를 놓고 천사와 사탄이 서로 가져가려고 논쟁했던 사실과(유1:9), 사람은 죽을 때에 사망과(불신자) 생명에 이르는 냄새가 (구속자) 각기 생하게 된다는 사실 등을 살펴보면(고후2:15-16),

인간은 각기 이 세상에서 행한 행위에 의해 생하는 냄새에 따라, 천사 또는 사탄에게 이끌려 낙원 또는 음부로 가게 되는 것으로 보인다. 따라서 심판 때에 가서야 명확히 알 수가 있겠지만 ①예수란 이름도 들어 보지도 못하고서 의를 위해 죽어간 영혼들(이순신 장군 등)과, ②어린아이의 영혼들은 한동안 휴면에 들어갔다가(마9:24, 막5:39) 첫째부활 때 천사가 전하는 복음을 순간 받고(눅23:43, 벧전4:6) 구원을 받을 자도 있지 않나? 추정되기도 한다(고후2:14-16, 딤전2:4).

① 저가 또한 영으로 가서 옥에 있는 영들에게 전파하시니라, 그들은 전에 노아의 날 방주 예비할 동안 하나님이 오래 참고 기다리실 때에 순종치 아니하던 자들이라(벧전3:19).
② 이를 위하여 죽은 자들에게도 복음이 전파되었으니 이는 육체로는 사람으로 심판을 받으나 영으로는 하나님을 따라 살게 하려 함이라(벧전4:6).
③ 여호와께서 오늘날 이 일을 네게 행하셨고 여호와께서 이스라엘을 너와 함께, 블레셋 사람의 손에 붙이시리니 내일 너와 네 아들들이 나와 함께 있으리라(삼상28:19).
④ 이에 성소 휘장이 위로부터 아래까지 찢어져 둘이 되고 땅이 진동하며 바위가 터지고, 무덤들이 열리며 자던 성도의 몸이 많이 일어나되 성소 휘장이 위로부터 아래까지 찢어져 둘이 되고 땅이 진동하며 바위가 터지고 무덤들이 열리며 자던 성도의 몸이 많이 일어나되(마27:51-52).
⑤ 이 사람에게는 사망을 좇아 사망에 이르는 냄새요 저 사람에게는 생명을 좇아 생명에 이르는 냄새라 누가 이를 감당하리요(고후2:16).
⑥ 율법 없는 이방인은 본성으로 그 양심이 증거가 되어 서로 고발하고 변명하며 그 마음에 새긴 율법의 행위를 나타내느니라(롬2:15).

● 논제(12). 말세론에 대한 명확한 분별과 조명

(답1). 말세론 해석을 위한 성경적 기조 설명

오늘날 기독교 신자들이 예수님을 영접하고서(요1:12) 성경을 열심히 연구해도(요5:39), **성경이 매우 광범위하여 성경말씀 전체를 요약해서 자신의 뇌리 속에 온전히 정립시키기는 쉽지가 않다.**

그리고 오늘날은 구약시대처럼 하나님께서 음성이나 환상으로 직접 불러내신 성직자들은 드물고 부모의 권유나 삶의 목적을 따라 성직을 택한 자들이 많기 때문에, **초신자들에게 성경에 대한 의구심이나 현실적 삶의 문제들에 대하여 명확한 답을 찾아주지 못하고 있다.**

즉, 무속인이 귀신을 접해 점을 치듯 구약시대 선지자들처럼 성령의 사역에 따라 신자들의 어려운 문제들을 먼저 알고서 이에 대한 길을 찾아주는 신령한 하나님의 종들은 찾을 수 없다는 말이다.

홍수가 나면 물이 넘치지만 먹을 물은 찾기 어려운 것처럼 오늘날 **많은 사람들이 성경 말씀의 홍수 속에서 살아가고 있지만, 하나님께서 그 택하신 자들만 알게 하시려고 성경 속에 은익 해놓은 종말의 시간표를 깨닫지 못하여 혼미 속에서 신앙생활을 하고 있다**(눅8:10).

따라서 오늘날의 성직자들은 평신도와 별반 다르지 않고, 또 하나님의 계시나 영감을 받아서 목회를 하기 보다는 육적·혼적 신앙에 의한 예배, 교육, 수련, 성경 강의 등의 사역을 하고 있는 실정이다.

그러나 성경은 인류의 미래사에 대해서 명확히 밝혀주고 있을 뿐만 아니라(사24:15, 41:2, 25, 단11:32, 44, 욜2:20, 슥6:1-8), **다니엘은 하나님께서 주신 영감으로 바벨론의 미래사를 느부갓네살 왕에게 알려 줬고**(단2:28), **엘리사는 멀리 떨어져 있는 적국인 아람 왕이 침실에서 나누는 대화도 미리 알고서 자국의 왕에게 알려줬었다**(왕하6:12).

한편 나는 허물이 많은 사람이긴 하지만 내 인생과 인류의 미래사를 알기 위해 수년 동안 혼신의 힘으로 부르짖었더니, **하나님께서 온 몸에 전율이 함께 하는 영감으로**(욥4:15, 단7:16, 암3:7) **오늘날 기독교 지도들이 명확히 알지 못하고 있는 성경말씀의 난해한 부분은 물론, 다니엘서와 요한 계시록에서 주도적으로 밝혀 주고 있는 종말의**(환난과 심판) **시간표를 확연히 깨닫게 해주셨다.**

따라서 나는 ①천하에 범사가 기한이 있고 또 모든 목적이 이룰 때가 있다고 하신 성경 말씀과(전3:1), ②모든 성경은 그 번역까지도 하나님께서 함께 하시어 **각기 그 짝이 있고 하나도 빠진 것이 없다고 하신 성경 말씀의 기조 위에서**(사34:16, 딤후3:16), ③**하나님께서 내게 깨닫게 해주신 지구촌의 마지막 환난과 심판의 때를 여기서 그 연도까지 자세히 밝히고자 한다.**

① 주 여호와께서는 자기의 비밀을 그 종 선지자들에게 보이지 아니하시고는 결코 행하심이 없으시리라(암3:7).

② 이르시되 하나님 나라의 비밀을 아는 것이 너희에게는 허락되었으나, 다른 사람에게는 비유로 하나니 이는 그들로 보아도 보지 못하고 들어도 깨닫지 못하게 하려 함이라(눅8:10)

③ 시온에서 나팔을 불며 나의 거룩한 산에서 경고의 소리를 질러 이 땅 주민들로 다 떨게 할지니 이는 여호와의 날이 이르게 됨이니라 이제 임박하였으니(욜2:1).

④ 그러나 파숫군이 칼이 임함을 보고도 나팔을 불지 아니하여 백성에게 경고치 아니하므로 그 중에 한 사람이 그 임하는 칼에 제함을 당하면 그는 자기 죄악 중에서 제한바 되려니와 그 죄를 내가 파숫군의 손에서 찾으리라 인자야 내가 너로 이스라엘 족속의 파숫군을 삼음이 이와 같으니라(겔33:6-7).

(답2). 말세론 해석의 키포인트는 상징물에 대한 해석이다.

성경은 지구촌의 대홍수를 노아가 100여 년 전에 미리 알았듯(창6:3) 예수님을 영접해 성령을 받은 사람들은 **환난과 심판의 때를 알 수 있다고 하면서도**(요1:12, 16:13), **그 택하신 자들에게만 알게 하기 위해 정작 주된 내용들을 상징물로 성경 속에 은익을 하고 있다**(눅8:10).

그러나 ①요한 계시록 11장의 두 증인과, ②12장의 용·여자·여자의 아들·광야와, ③13장의 사자·곰·표범·바다에서 나오는 짐승·땅에서 나오는 짐승과, ④**계12:3, 13:1, 17:7, 단2:40-44, 7:3-7에서 나오는 열 뿔을 가진 짐승과, ⑤욜2:20의 동해 서해가 있는 나라와, ⑥**슥6:1-8의 두 놋산 아래 서로 대치를 하고 있는 홍마·흑마·백마·어룽진 말과, ⑦단9:27, 12:11에 나오는 **미운물건 등이 무엇을 뜻하고 있는지 먼저 알게 되면, 성경에 숨겨진 마지막 환난과 심판의 비밀도 명확히 깨달을 수 있게 된다**(요16:13, 고전2:10, 단7:16, 암3:7).

즉, 여기서 성경 요한 계시록 13장 1-5절의 말씀을 탐구해보면, 바다는 모든 사물이 수면 아래로 은익 되어 있을 뿐 아니라, **사자는 먹이 앞에서 잔인성이 있고, 곰은 앞발로 빼앗는 특성이 있으며**(강탈), **표범은 그 색상에서 이중성이**(표리부동) **있다는 사실을 알 수가 있다.**

그리고 땅 위의 지면에는 모든 사물들이 우리 눈에 확연히 드러나지만 바다는 수면 아래로 온갖 생명체와 각종 사물들이 존재하고 있음에도, 수면 위에는 드러나지를 않기 때문에 우리 눈에 보이지 않는 특성이 있다는 사실 또한(사물이 은익 되어 있음) 깨달을 수가 있다.

따라서 성경에 숨겨져 있는 마지막 비밀을 깨닫기 위해서는(눅8:10, 고전2:10, 단7:16, 암3:7), **성경에서 어필해주고 있는 각종 상징물에 대해서 먼저 심도 있는 분석을 거쳐 알아야 할 뿐만 아니라 이것이야말로 말세론 해석의 핵심 키포인트인 것이다.**

예를 들면 ①용이 그들의 상징물이면서(계12:9) ②방패와(국기) 옷이 (군복) 붉고(홍의병, 나2:3) ③광선의 무기인 핵무기로(나2:4), 세계 제 3차 대전을 주도하는(겔21:14, 38:14-16), ④**2억 명 군인을 보유한 동방의 나라가 어느 나라인지를 알게 되면**(계9:16, 16:12), ⑤**성경 요한 계시록 13장 1-5절에서 등장하고 있는 바다에서 나오는 두 짐승의 정체에 대해서도 명확히 깨달을 수도 있게 된다.**

① 여호와께서 가라사대 나의 신이 영원히 사람과 함께 하지 아니하리니 이는 그들이 육체가 됨이라 그러나 그들의 날은 일백 이십년이 되리라 하시니라(창6:3).

② 매일 드리는 제사를 폐하며 멸망케 할 미운 물건을 세울 때부터 일천 이백 구십일을 지낼 것이요, 기다려서 일천 삼백 삼십 오일까지 이르는 그 사람은 복이 있으리라(단12:11-12).

③ 그의 용사들의 방패는 붉고 그의 무사들의 옷도 붉으며 그 항오를 벌이는 날에 병거의 철이 번쩍이고 노송나무 창이 요동하는도다. 그 병거는 거리에 미치게 달리며 대로에서 이리 저리 빨리 가니 그 모양이 횃불 같고 빠르기 번개 같도다(나2:3-4).

④ 그 칼이 날카로움은 살륙을 위함이요 마광됨은 번개 같이 되기 위함이니 우리가 즐거워하겠느냐 내 아들의 홀이 모든 나무를 업신 여기는 도다(중략). 그러므로 인자야 너는 예언하며 손뼉을 쳐서 칼로 세 번(3차의 세계대전) 거듭 씌우게 하라 이 칼은 중상케 하는 칼이라 밀실에 들어가서 대인을 중상케 하는 칼이로다(겔21:10-14).

⑤ 내가 본 짐승은 표범과 비슷하고 그 발은 곰의 발 같고 그 입은 사자의 입 같은데(중략), 그의 머리 하나가 상하여 죽게 된 것 같더니 그 죽게 되었던 상처가 나으매(중략) 용이 짐승에게 권세를 주므로 용에게 경배하며 짐승에게 경배하여 가로되(계13::2-5).

● 논제(13). 환난과 종말의 때(시작연도)를 알 수 없는가?

(답1). 재림의 날은 알 수 없지만, 환난의 시작연도는 알 수 있다.

오늘날 대부분의 기독교 지도자들은 하나님께서 육일 동안에 천지를 창조하시고 제 칠일에는 안식하신 사실과(창2:2), **"하나님께서는 천년이 하루 같고 하루가 천년 같다" 하신 말씀에 따라**(벧후3:8) **이 세상의 연대를 6천년으로**(실낙원 이후) **보고서 말세론을 조명하고 있다.**

즉, 아담이 실낙원 한 이후부터 노아 때까지 2천 년을 초세, 노아 때부터 예수 그리스도 탄생까지의 2천 년을 중세, 예수 그리스도 탄생 이후의 2천 년을 말세라고 분리해서 칭하고 있는 것이다.

그런데 예수님께서 이 땅에 오신 사실을 처음으로 선포했었던 ①세례 요한은 당시 하늘나라가 가까이 왔다고 했고(마3:7), ②사도 베드로도 당시 환난이 임박했다고 했으며(벧후2:1), ③**사도 바울 역시 당시 임박한 환난을 위해 결혼을 하지 않는 것이 더 좋다고 했지만**(고전7:26), **20세기가 지난 이 시점까지 이러한 환난은 아직 오지 않고 있다.**

당시 사도들이 말했던 이러한 말씀들이 앞으로 있게 될 네로와 · 시저와 · 로마제국의 박해를 말씀한 것인지, 아니면 시작과 끝이 없는 **하나님의 무한대의 시각 속에서 2000년이란 시간이 촌각에 불과하여 이렇게 말씀한 것인지는 오늘날의 우리가 명확히 알 수는 없다.**

다만 이러한 성경 말씀들을 자세히 살펴보면 오순절 이후의 사도들과 초대교인들은 하늘나라만 바라보고, **성경에 기록된 예언의 말씀을 기록된 그대로 믿고서 종말론적인 사고 속에서 예수 그리스도의 재림을 간절히 바라고 있었다는 사실만은 명확히 깨달을 수가 있다.**

그러므로 우리가 말세론을 해석할 때는 성경 속에 나타나고 있는 이러한 역사적 사실들을 염두에 두고서 그 해석에 임해야 하는 것이다.

따라서 사도들의 시대보다 20세기를 훨씬 더 지난 오늘의 시점을 살아가고 있는 우리들은, 당시 초대교인들이 갖고 있었던 이러한 종말론적인 사고보다 훨씬 더 진취적인 자세를 갖고서 환난과 심판의 때를 분별하고 이를 대비하는 지혜로운 신자가 되어야 할 것이다.

그런데 오늘날 많은 기독교 신자들은 그 날과 그 시간을 알 수 없다 하신 말씀에 따라(마24:36), **환란의 시작연도를 알 수 없는 것으로 받아들이고 또 그렇게 바라면서 때를 논하기만 해도 이단시 하고 있다.**

이는 사탄이 ①수시로 거짓 선지자들을 등장시켜 사람들의 마음과 눈을 둔하게 했기 때문이기도 하고, ②한 때 다미선교회 이 장림 목사를 등장시켜 "1992년 10월 28일 기독신자들이 공중 휴거를 한다" 하며 온 세상을 어지럽혔기 때문이고, ③**또 오늘날 기독교 지도자들이 성경에 숨겨진 마지막 비밀을 깨닫지 못하여 앞으로 있을 환난과 심판에 대한 시간표를 제시하지를 못하고 있기 때문인 것이다.**

그러나 예수님께서는 "너희가 천기는 분별하면서 시대의 표적은 분별하지 못하느냐" 하시고서, 무화과나무의 비유를 들어가며 미운물건이 등장하는 때를 살펴 환난과 심판의 때를 깨달으라고 하셨다(마16:3).

그런데 성경 마태복음 24장 36절과 25장 13절은 때를 그 날과(The day) 그 시로(The hour) 말씀해주고 있지만, 다니엘서와(단7:23-25, 12:11-12) 요한 계시록에서는 한 때를 일 년인(1,260일, 유대민족 달력) The year라고 직역을 해주고 있다(계11:2-3, 계12:14).

이러한 성경 말씀들을 환난과 심판의 그 날과 그 시간은 하나님 밖에 누구도 알 수 없지만, 그 연도까지는 오늘날 우리가 알 수 있는 것을 확연히 입증을 해주고 있다(눅8:10, 요16:13, 고전2:10, 마24:15, 단2:40-44, 단7:16, 24, 11:40-45, 12:10-12, 계13:1-5, 17:7-13).

따라서 환난과 심판의 때(연도)를 마치 알 수 없다는 일부 기독교 지도자들의 주장은 명백히 성경에 배치되는 잘못된 해석인 것이다.

결론적으로 예수 그리스도의 재림의 날과 그 시간은 하나님 외에 누구도 알 수가 없지만, 앞으로 있게 될 환난과 심판의 시작 연도는 지구촌의 대 홍수를 노아가 100여 년 전에 알았듯이 명확히 알 수가 있는 것이다(창6:3-9, 눅8:10, 암3:7, 고전2:10, 단7:16).

따라서 하늘을 연구하던 동방박사들과 깊은 밤 양을 지키던 목자들이 예수님의 탄생을 알았던 것처럼 하늘나라만 바라보고 기도로 하나님과 교통하는 사람들과(눅2:8-12), 때를 따라 양들을 양육하는 하나님의 참 종들은(마24:45) 환난과 심판의 시작 연도를 분명히 알 수 있게 될 것이다(요16:13, 고전2:10, 단7:16, 23-25, 계13:1-5, 17:7-13).

다시 말해서 성경은 하나님의 영감에 의해서 기록되었기 때문에(사34:16, 딤후3:16) 기도를 통해 성령 충만을 받은 사람이라면, 하나님께서 그 택한 자들에게만 알게 하시려고 성경말씀 속에 은익을 해놓은 마지막 환난의 때를 분명히 깨달을 수 있게 된다(고전2:10, 암3:7).

그러므로 하나님의 언약인 성경 말씀을 온전히 믿고서 하늘나라가 속히 오기를 간절히 바라고 있는 진실한 기독교 신자들은 밤중에 신랑이 올 것을 대비하여 기름을 준비했었던 슬기로운 다섯 처녀처럼(마25:4), 기도와 간구를 통한 성령의 인도를 받아 환난의 때를 미리 깨닫고 이를 대비하는 지혜로운 그리스도인들이 되어야만 할 것이다.

① 무화과나무의 비유를 배우라 그 가지가 연하여지고 잎사귀를 내면 여름이 가까운 줄을 아나니, 이와 같이 너희도 이 모든 일을 보거든 인자가 가까이 곧 문 앞에 이른 줄 알라(마24:32-33).
② (초략) 또 세 왕을 복종시킬 것이며 그가 장차 말로 지극히 높으신 자를 대적하며 또 지극히 높으신 자의 성도를 괴롭게 할 것이며, 그가 또 때와 법을 변개코자 할 것이며 성도는 그의 손에 붙인 바 되어 한 때와 두 때와 반 때를 지내리라(단7:24-25).

(답2). 성경의 예언이 온전히 성취되는 한 세대의 기간

우리가 성경을 자세히 살펴보면 유대민족은 인류사의 시계역할을 부여받은 세계의 '징조'라는 사실을 알 수가 있을 뿐만 아니라, **이스라엘 민족의 역사의 흐름을 살펴보면 인류역사가 어디까지 와 있는지 유추할 수 있게 되어 마치 이는 종말의 시각표를 보는 것과 같다.**

지구상에서 유대민족만큼 파란만장하고 기구한 운명을 살아온 민족은 찾아볼 수가 없는데, 그들은 조국을 잃고 가는 곳마다 박해를 받으며 2000년 동안 유랑생활을 했지만 멸망하지 않고 다시 나라를 재건했다. **국가가 멸망한 민족으로써 5대 이상을 단일 민족의 순수성과 정체성을 온전히 보존하고 있는 민족은 지구상에서 유대민족을 빼고는 존재하지 않는다.** 따라서 역사가이며 신학자인 영국의 아놀드 토인비는 "유대민족이 존재하는 그 자체가 기적이다"라고 말했었다.

예수님께서는 무화가나무의 가지가 연하여지고 잎을 내게 되면 "한 세대 이내에(100년) 성경의 모든 일들이 성취된다고 하셨는데(마 24:34, 창15:16)" 이는 성경의 예언과 종말의 징조를 말한다.

세대라는 단어는 헬라어로 '제이나라'인데, 제너레이션(generation)에서 파생되었지만 민족(Nation)이라는 의미도 포함하고 있다. 따라서 이는 예수님께서 유태민족을 지적해 "세상 종말에 있을 성경의 예언이 모두 성취될 때까지 멸절하지 않는다." 예언하고 있는 것이다.

한편 모세가 기록한 신명기를 자세히 살펴보면 이스라엘 백성들이 하나님의 말씀에 따르면 축복을 받을 것이지만, 만일 그렇지 않으면 저주를 받는다 하고 하나님께서 선언을 하고 있다(신28:1-6, 15-19).

그러나 유태민족은 모세가 죽은 후에 여호수아의 인도로 가나안 땅에 입성해 국가로 발전하게 되지만, 이러한 하나님의 계약을 저버리고 우상숭배와 간음의 길을 좇아서 저주를 선택하고 만다.

따라서 800년 뒤에 선지자 이사야는 "보라 날이 이르리니 네 집에 있는 모든 소유와 네 열조가 오늘까지 쌓아 둔 것이 모두 바빌로니아로 옮긴바 되고 하나도 남을 것이 없으리라(사39:6)." 예언했는데, 이러한 예언은 그대로 적중되어 기원전 586년에 예루살렘이 결국 함락되고 살아남은 사람들은 바빌로니아에 노예로 끌려가게 되고 만다.

그리고 기원전 600년경에 또 선지자 예레미야 선지자는 바빌로니아의 포로기간이 70년이 될 것이라고 예언했는데(렘25:11), 유대인들은 이 예언대로 정확히 70년 후에 해방되어 이스라엘로 귀환한다.

이 때 귀환을 허가한 사람은 페르시아 왕 '고레스'인데, 이사야는 '고레스 왕'이 태어나기 175년 전에 그의 이름을 실명으로 예언을 하고 있어 참으로 놀라움을 금할 수가 없다(사45:1-3, 대하36:23).

신명기는 또 유대인이 저주를 선택할 경우 두 번 조국에서 쫓겨나는데, 그 두 번째 침공의 나라는 '독수리'의 날음 같이 공격해와 이스라엘 민족을 전 세계에 흩어지게 한다고 예언하고 있다(신28:45-53).

이러한 예언 또한 AD 70년 디도 장군이 이끄는 로마군이 유태인 독립운동을 진압하려고 이스라엘을 쳐들어가, 예루살렘을 철저히 파괴하고 100만 명의 유대인들을 학살함으로써 적중했다. 당시 로마 제국의 상징이 독수리였다는 사실은 참으로 놀라운 일치이다.

한편 성경은 마지막 때가 되면 유대인들이 고대 팔레스타인 지역에 다시 나라를 재건할 때가 온다고 했었는데(사14:1, 겔37:21, 39:28). **많은 예언가들은 이러한 예언에 따라 유대민족이 고대도시 예루살렘에 나라를 재건할 것을 믿어 의심치 않았다(사61:7). 그리고 이러한 예언은 1900년 뒤에 그대로 실현되어 그들은 다시 나라를 재건했다.**

성경 이사야서에는 실로 놀라운 예언들이 많이 수록되어 있을 뿐만 아니라, 20세기에 들어 성경의 예언을 둘러싸고 세상을 깜짝 놀라게 한 뉴스가 있었는데 그것은 바로 사해사본의 발견이다.

즉, 성경 이사야서 53장 2-8절은 예수가 어떻게 태어나고 어떻게 죽을까? 상세히 언급하면서 십자가의 전경은 물론 메시야가 십자가에 달리지 않으면 왜 안 되었는지에 대한 이유까지 설명해주고 있다.

이는 예수가 태어나기 700년 전에 기록된 것이지만 그 기술된 것이 너무도 정확하여 오히려 많은 사람들로부터 비판을 받아 왔을 뿐만 아니라, 십자가 처형을 목격했었던 예수님의 제자들이 선지자 이사야가 쓴 예언처럼 보이게 하기 위해서 이사야서에 그 내용을 삽입한 것이라고 추정을 하고서 이를 믿는 많은 사람들을 조롱해 왔었다.

그러나 1947년 '사해사본'이 발견됨으로써 이러한 이사야서의 내용이 사실로 밝혀졌다. 사해 서쪽의 쿰란지방에서 베들레헴으로 물건을 실어 나르던 베두인 소년이 잃어버린 염소를 찾다가 일부가 붕괴된 동굴에서 두루마리의 끝이 나와 있는 깨어진 항아리를 발견했었다.

그런데 이 항아리 속에 들어있던 두루마리에는 감정결과 구약성경의 그 어떤 사본보다도 천년이나 더 오래된 고대 히브리어로 기록된 이사야서가 들어 있었는데 이것을 사해사본이라 부른다. 이는 이사야 53장이 예수 이전부터 이사야서 속에 들어 있었다는 사실을 증명한 것이다.

이 사해사본이 세상에 널리 알려짐으로써 성서의 신빙성이 새롭게 클로즈업된 가운데, 그 다음해 5월 14일 이스라엘 민족은 하나님께서 조상 아브라함에게 약속한 가나안 땅에 돌연 그 모습을 드러냈다.

이스라엘 민족이 국가를 재건시키게 된 원동력은 '시오니즘운동'인데, 이를 배후에서 적극 지원했던 사람은 당시에 유대인의 대부호였던 로스차일드 경이었다. **이러한 유대인들의 활동에 따라 영국은 제1차 세계대전 때 유대인들이 연합군을 지원하는 조건으로 이스라엘 국가를 재건해주기로 약속했었는데, 이를 '벨포어선언'이라 한다.**

하지만 영국 정부는 '벨포어선언' 이전에 이미 아랍 쪽에도 아랍국가의 수립을 약속했었는데 이를 또한 '후세인 맥마흔' 선언이라 한다.

영국의 이러한 이중적 외교가 팔레스타인 문제의 근원이 되어 오늘날까지 시한폭탄으로 남아 있는 것이다. **그러나 유대민족은 나치 독일의 유대인 대학살로 인한 동정적 국제여론을 등에 업은 시오니즘 운동에 따라 그들의 염원대로 이스라엘 나라의 다시 수립했다.**

유대계 미국인 저널리스트 알프레드 M. 리리안슬은 『유대의 커넥션』에서 시오니즘의 실태를 밝히면서, 이스라엘 문제 해결의 열쇠는 그들이 타 민족보다 우수하기 때문이 아니고 하나님께서 아브라함에게 하신 "땅의 모든 족속이 너로 인해 축복을 얻을 것이라(창12:3, 28:1-14)" 언약하신 약속 때문이라고 성경을 지적해서 설명하고 있다.

하지만 이러한 축복은 육적인 아브라함의 자손을 말하는 것이 아니고, 영적 아브라함의 자손인 여자의 아들로 오신 예수 그리스도의 피 언약의 후손을 말하는 것임을 성경은 명확히 밝혀주고 있다(창3:15, 요6:56).

예수님께서는 "무화과나무가 잎을 내면 한 세대 이내에 성경의 모든 예언이 성취된다." 말씀하셨는데(마24:33-34), 사람들은 **한 세대를 30년, 60, 70년으로 보고 있다. 그러나 성경은 한 세대는 100년이라고 밝혀주고 있어 이는 틀린 해석이다**(창15:13-16).

즉, 많은 사람들이 무화가나무가 잎을 내는 현상을 이스라엘 독립으로 보지만 나는 "몽둥이가 꽃피며 교만이 싹났다(겔7:10)"는 말씀에 따라 중국의 핵무기 보유(1964년)로 보고 있다. **아무튼 무화과나무가 잎을 내는 현상을 이스라엘의 독립으로 보면 모든 성경의 성취는 100년 이내인 2048년이 되고, 중국의 핵무기 보유로 보면 2064년이 된다.**

① 여호와께서 아브라함에게 이르시되 너는 정녕히 알라 네 자손이 이방에서 객이 되어 그들을 섬기겠고, 그들은 사백년 동안 네 자손을 괴롭게 하리니(중략) 네 자손은 사대 만에 이 땅으로 돌아오리니 이는 아모리 족속의 죄악이 아직 관영치 아니함이니라(창15:13-16).

● 논제(14). 계13:1의 바다, 땅, 짐승, 미운물건은 무엇인가?

(답1). 말세론 해석에 대한 중요한 성찰

오늘날 성직자들은 신자들이 성경에 대한 의혹을 제기하면, 이에 대한 명쾌한 해석을 해주지 못하고, **그냥 믿으라 하여 상당한 신자에게 믿음이 적은 것으로 오인하게 하거나 성경 해석을 포기하게 하고 있다.**

다시 말해서 신자들에게 성경에 대한 의혹을 해소해 주어 믿음이 들어가게 하지는 않고서(요17:3), **기존 교리를 주입하려는 경향이 있는데 이는 자유의지를 부여한 하나님의 창조원리에도 반하는 사역이다.**

그러므로 먼저 사역자가 성령의 감동을 받아 성경을 과학적·역사적·지정학적으로 명확히 깨달아, 신자에게 이러한 의혹부터 해소해주는 것이야말로 종교인 수 배가가 아닌 참 신자를 양성하는 길이다.

우리가 말세론을 해석하려면 성경 제12:3, 13:1, 17:7, 단2:40-44, 7:23-25에 나오는 "일곱 머리와 열 뿔을 가진 짐승"이 무엇을 뜻하는지 먼저 깨달아야 마지막 환난의 비밀 또한 깨달을 수 있게 된다.

그런데 전 연세대학교 한태동 박사의 부친 한애녹 장로는 이러한 짐승을 '회교'라고 했고, 일부 사람들은 '천주교'라고 알고 있다.

그러나 성경을 자세히 살펴보면 이러한 짐승은 ①죽게 된 상처가 나은 여덟 번째로 다시 나오는 짐승과(계13:3, 17:8), **②이 짐승과 한 뜻을 가지고 잠시 권세를 누리는 짐승**(계17:12), **및 ③땅에서 나오는 짐승**(계13:11) **등 삼위일체로 사역한다는 사실을 알 수 있다. 이는 말세론 해석에서 매우 중요한 사안이 아닐 수 없다.**

그런데 내가 성경의 마지막 비밀을 알기 위해 수년 동안 부르짖었더니 하나님께서 온 몸에 전율이 함께 하는 영감으로 이를 좀 더 명확하게 알 수 있도록 깨닫게 해주셨다(마24:15, 욥4:15, 단7:16, 암3:7).

(답2). 바다에서 나온 짐승은 공산국가, 땅에서 나온 짐승은 종교단체, 미운물건은 인조인간, 적그리스도는 공산국가와 종교단체다.

성경 요한 계시록 13장 1-5절에서 나오는 예언의 말씀을 자세히 살펴보면 "열 뿔과 일곱 머리를 가진 짐승"이 바다에서 나오는데, 그 형상이 ①표범과 비슷하고(이중성), ②곰의 발 같고(침략성), ③사자와 같더라(잔인성) 하고 설명을 해주고 있다.

그런데 여기서 바다의 특성을 살펴보면 바다는 수면 아래로 온갖 사물과 생물체가 존재하고 있지만 **수면 위에는 드러나지를 않는 특성이** (사물이 은익 되어 있음) **있다는 사실을 깨달을 수가 있을 뿐만 아니라,**

유물론에 뿌리로 두고 탄생했던 공산주의 역사를 되돌아보면(구, 소련 연방 등) 이들은 표범처럼 색깔의 이중성을 갖고 자신이 약할 때는 협상을 하지만, 상대가 약할 때는 사자처럼 잔인하게 상대를 공격해 곰처럼 주변국을 빼앗아 자신들의 속국으로 삼아왔었던 엄연한 역사적 사실을 찾아볼 수가 있다(짐승국가인 공산국가의 속성).

따라서 나는 전율이 따르는 성령의 감동으로(욥4:15, 단7:16), **이러한 바다의 특성을 통해서 제13:1의 ①바다는 공산(사회)주의, ②바다에서 나오는 짐승은 러시아와**(계17:11) **중국**(계17:12/계9:16, 16:12-13), **③땅은 자본주의, ④땅에서 나오는 짐승은**(계13:11), **가톨릭과**(무슬림 포함) **유럽연합을 가리켜주고 있다는 사실을 깨달았다.**

그리고 여기 바다에서 나오는 "일곱 머리와 열 뿔을 가진 짐승"을 (계12:3, 13:1, 17:7/ 단 7:3-7, 23-25의 짐승도 같은 짐승임), **요한 계시록 17장 13절에서는 그들이라고 복수로 칭하면서 이들이 한 뜻을 갖고 땅에서 나오는 짐승에게**(로마 가톨릭과 무슬림 및 유럽연합; 계13: 11-15) **권세를 준다 하고 있어, 이는 공산주의 두 기둥인 러시아와 중국인 사실을 보다 더 명확하게 깨달았다.**

한편 이해를 돕기 위해 이를 좀 더 자세히 설명하면 ①일곱 머리에(애굽, 블레셋, 앗수르, 바벨론, 헬라, 로마, 소련) 뿌리를 두고 여덟 번째로 다시 나오는 짐승은 러시아를 가리키고 있고(계12:3, 13:1, 17:11), ②그 두 번째로 열 뿔(왕)을 갖고서 이러한 짐승과(러시아) 권세를 공유하는 다른 하나의 짐승에 대해서(단7:24-25, 계17:12), 성경은 용이 그들의 상징물이고(계12:3, 9), 옷과(군복) 방패가(국기) 붉을 뿐 아니라(나2:3, 홍위병), 유프라테스 강가에서(계9:14) 제 3차 대전을 전개해(겔21:14, 계9:15), 사람 1/3을 죽게 하는 이억 명의 군인을 보유한(계9:16, 중국은 민병대가 3억 명임) 동방의 나라라고 밝혀주고 있어(계16:12, 17:12), 이는 오늘날의 중국을 가리켜주고 있다.

그런데 여기서 우리가 중국의 역사를 되돌아보면 중국은 지금까지 ①모택동(1949-1954), ②유소기(1959-1968), ③송강렬(1968-1972), ④동필무(1972-1975), ⑤등소평(1981-1983), ⑥이선념(1983-1988), ⑦양상곤(1988-1993), ⑧강택민(1993-2003) ⑨호금도(2003-2013), ⑩시진핑(2013-2025) 등의, 정확히 열 명의 왕을(지도자) 배출시켰다는 사실을 찾아볼 수가 있다.

따라서 ①예루살렘 성을 중건하라는 명령이 내린 후(느2:2-9) ②일곱 이레와(49년) 육십이 이레(434년) 후에 메시아가 이 땅에 오셨다가 다시 끊어진다고 하신 예언과(단9:25-26), ③70년의 포로생활 뒤에(렘25:11), ④유대인들을 다시 고토로 돌아가게 하는 바사 왕 '고레스'를 175년 전에 실명으로 언급한 예언 등이 정확하게 성취되었던 것처럼, 앞으로 땅의 네 번째 나라로써 열 뿔을 짐승국가인 중국의(단2:40, 7:23-25 계13:1) 시진핑 주석 다음 열한 번째 통치자는(단7:24), 괴물인 사람으로 변신해 러시아와 손을 잡고서, 땅에서 나오는 또 하나의 짐승인 천주교와 유럽연합에게 미운물건을 만들게 한 후, 이를 상징하는 표를 지구촌의 모든 사람들에게 받게 할 것이다(계13:11-18).

한편 다니엘서 9장 27절과, 11장 31절과, 12장 11절의 '멸망케 할 미운물건'이란 ①미운물건 때문에 하나님이 이 세상을 멸망시킬 수밖에 없다는 뜻이 있을 뿐만 아니라 ②인간이 이러한 우상에게 생기를 불어넣어 말을 하게 한다고 밝혀주고 있어(계13:15), 이는 생명공학의 발달에 따라 피조물인 인간이 창조주의 권한에 도전을 해서 만들게 되는, ③복제인간이나 로봇신상의 우상을 뜻하고 있다는 사실을 말씀의 내용 등을 통해서 우리는 명확히 깨달을 수가 있다.

그런데 나는 이러한 일들 직전에 사탄이 괴물인 사람들을 통해 세계 금융시스템에 대한 해킹을 하여, 미국 서브프라임 모기지론 사태보다 훨씬 큰 경제교란을 일으켜, **세계경제의 마비와 자본주의의 파멸을 가져와, 죽은 것 같았던**(유고, 헝가리, 발트 3국 등이 소련연방에서 벗어남) **공산주의가 되살아나게 된다. 따라서 이때 리비아와 구스**(서아프리카) **국가들을 중심으로 유럽의 많은 국가들이 공산주의를 추종하게 되어 러시아와 중국을 따르게 될 것으로 보인다**(계13:3, 단11:41-43).

① 그가 장차 많은 사람으로 더불어 한 이레 동안의 언약을 굳게 정하겠고 그가 그 이레의 절반에 제사와 예물을 금지할 것이며, **또 잔포하여 미운 물건이 날개를 의지하여 설 것이며**(단9:27).
② 내가 보니 바다에서 한 짐승이 나오는데 **뿔이 열이요 머리가 일곱이라 그 뿔에는 열 왕관이 있고**(계13:1.
③ 내가 보매 또 다른 짐승이 땅에서 올라오니(중략) 두 뿔이 있고 (로마 가톨릭과 유럽연합) 용처럼 말하더라(중략), 저가 그 짐승의 우상에게 생기를 주어 그 짐승의 우상으로 말하게 하고(중략) 그 오른손에나 이마에 표를 받게 하고(계13:11-16).
④ 전에 있다 시방 없어진 짐승은 여덟째 왕이니 일곱 중에 속한 자라 저가 멸망으로 들어가리라 네가 보던 열 뿔은 열 왕이니(계17:10).

(답2). 요한 계시록이 밝혀주는 글로벌 세계와 짐승국가

놀랍게도 성경은 2000년 전에 이미 인류의 종말이 가까우면 전 세계가 글로벌화 될 뿐 아니라, 이 글로벌화 된 세계를 지배하게 되는 아주 강력한 힘을 가진 한 사람이 등장한다는 사실을 밝혀주고 있다.

즉, 성경은 "내가 보니 바다에서 한 짐승이 나오는데 뿔이 열이요 머리가 일곱이라 그 뿔에는 열 면류관이 있고 그 머리들에는 참람한 이름들이 있더라(계13:1-9)" 하고 있는데, **"열 뿔은 이 나라에서 일어날 열 왕이며, 그 후에 또 하나가 일어나는데 그는 먼저 있던 자들과 다르고 또 세 왕을 복종시켜 지극히 높으신 자를 대적하고 지극히 높으신 자의 성도를 괴롭게 할 것이라"** 예언하고 있다(단7:24-25).

여기서 '그'라는 인칭 대명사를 사용하고 있어 이는 인간을 말하는 것임을 명확히 깨달을 수 있을 뿐만 아니라, **이는 앞으로 전 세계를 손아귀에 넣는 아주 강력하고 잔인무도한 정치지도자가 등장한다는 사실을 미래의 사람들에게 밝혀주고 있는 말씀인 것이다.**

성경은 또 "저가 권세를 받아 그 짐승의 우상에게 생기를 주어 그 짐승의 우상으로 말하게 하고(생기가 들어간 인조인간, 로봇신상), 저가 모든 자 곧 작은 자나 큰 자나 부자나 빈궁한 자나 자유 한 자나 종들로 **그 오른손에나 이마에 표를 받게 하고 누구든지 이 표를 가진 자 외에는 매매를 못하게 하니 이 표는 곧 짐승의 이름이나 그 이름의 수라**, 지혜가 여기 있으니 총명 있는 자는 그 짐승의 수를 세어 보라 그 수는 사람의 수니 육백 육십 륙이니라(계13:16-18)" 밝혀주고 있어, **이는 666이란 숫자를 갖는 인물이라는 것을 알 수가 있다. 따라서 오늘날 전 세계의 기독교인들은 이 사람을 '적그리스도'라고 표현하고 있다.**

그런데 이는 숫자에 의한 일원관리를 믿을 수 없던 시대에 기록되어 놀라움을 금할 수 없지만, 오늘날 컴퓨터에 의해 실현가능하게 되었다.

성경은 또 666이란 숫자를 상징하는 표를 받지 않으면 매매를 하게 한다고 예언하고 있는데, 현재 스웨덴은 상거래에서 현금을 사용할 수 없으며, 일본 또한 바코드소스 마킹율이 99.9%이고 바코드 없이는 사고 팔수 없는 시스템이 완성되어 있다고 한다.

이는 666이라는 적그리스도를 상징하는 숫자를 이마나 오른손에 각인 시켜 인체에 끼워 넣을 수 있다는 것을 밝혀주고 있는 것이다.

한편 미국의 휴즈사에서(마틴 앤더슨 증언) "신형식별시스템"을 개발하고 있고, 이는 마이크로 칩을 탑재한 트랜스폰더(외부 신호에 자동적으로 반응해 신호를 보내는 기기로서(베리칩), **숫자를 주사기로 인체에 삽입해 반영구적으로 사용할 수 있다고 한다. 따라서 이는 666이란 숫자를 인체에 각인시킬 수 있다는 사실을 밝혀주고 있다.**

수치로부터 문자를 찾아내는 '게마트리아'라는 용어는 암호기술을 말하는데, 요한 계시록의 저자 요한은 '게마트리아'를 숙지하고서 666이란 숫자를 사용해 다가올 독재자의 정체를 후세에 전달하려고 했었다.

따라서 '게마트리아'를 응용해 계시록의 666이 누구를 가리키는지 알아보려는 시도가 계속되었지만, 아무도 이를 단정하지는 못했었다. **그러나 사도 요한의 제자 '에일레나이오스'는 로마제국을 가리킨다고 말했는데**(계13:11), **로마제국의 그리스어는 Lateinos로써, L은 30, A는 1, T는 300, E는 5, I는 10, N이 50, O는 70, S는 200으로 합산하면 666이 될 뿐 아니라, 네로황제 · 시저 · 히틀러의 이름도 666이 된다.**

따라서 자본주의와 공산주의의 혼합체제로 유지되고 있는 중국에서 정체성에 대한 대 충돌을 일으켜 앞으로 천안문사태보다 몇 배나 더 큰 민주화시위가 일어나게 되는데, 시진핑 다음의 열한 번째 지도자는 네로황제처럼 잔인무도한 괴물로 변신해 이러한 시위를 포악하게 진압하고서, **러시아와 손을 잡고 천주교**(무슬림 포함)**와 유럽연합에게 권세를 주어 인류를 파멸로 이끌게 될 것이다**(겔38:14-16, 단7:23-25).

즉, 이러한 "후삼년 반의 환난"은 현대과학의 발전에 따른 인조 신상이 만들어지는 과정과(생기를 불어넣음) · 종이화폐가 필요 없는 바코드 소스의 대두시기 · 중국의 군사력증대 · 한반도의 군사적 상황 등을 살펴볼 때, 2021년에 다시 발표하겠지만 아마도 2026-2028년경부터(약 3년 정도 가변성이 있음) 시작될 것으로 보인다.

① 넷째 나라는 강하기가 쇠 같으리니 쇠는 모든 물건을 부서뜨리고 이기는 것이라 쇠가 모든 것을 부수는 것 같이 그 나라가 뭇 나라를 부서뜨리고 찧을 것이며 왕께서 그 발과 발가락이 얼마는 토기장이의 진흙이요 얼마는 쇠인 것을 보셨은즉 그 나라가 나누일 것이며 왕께서 쇠와 진흙이 섞인 것을 보셨은즉 그 나라가 쇠 같은 든든함이 있을 것이나 그 발가락이 얼마는 쇠요 얼마는 진흙인즉 그 나라가 얼마는 든든하고 얼마는 부서질 만할 것이며 왕께서 쇠와 진흙이 섞인 것을 보셨은즉 그들이 다른 민족과 서로 섞일 것이나(단2:40-43).

② 그 열 뿔은 이 나라에서 일어날 열 왕이요 그 후에 또 하나가 일어나리니 그는 먼저 있던 자들과 다르고 또 세 왕을 복종시킬 것이며, 그가 장차 말로 지극히 높으신 자를 대적하며 또 지극히 높으신 자의 성도를 괴롭게 할 것이며, 그가 또 때와 법을 변개코자 할 것이며 성도는 그의 손에 붙인바 되어 한 때와 두 때와 반 때를 지내리라 그러나 심판이 시작된즉 그는 권세를 빼앗기고 끝까지 멸망할 것이요(단7:24-26).

③ 마지막 때에 남방 왕이 그를 찌르리니 북방 왕이 병거와 마병과 많은 배로 회리바람처럼 그에게로 마주 와서 그 여러 나라에 들어가며 물이 넘침 같이 지나갈 것이요, 그가 또 영화로운 땅에 들어갈 것이요 많은 나라를 패망케 할 것이나 오직 에돔과 모압과 암몬 자손의 존귀한 자들은 그 손에서 벗어나리라(단11:40-41).

(답3). 또 하나의 짐승인 로마 가톨릭과 유럽연합

오늘날 대부분의 기독교인들은 천주교는 초대교회의 연장선상에서 창립된 기독교의 뿌리인데, 윤리적으로 부패하여 루터나 칼빈 등의 종교개혁에 의해서 재탄생되었다는 정도로만 알고 있을 뿐만 아니라, **오늘날 천주교가 사탄의 전초기지가 되고 있음에도 이를 깨닫지 못하고 교회일치운동이라는 명분하에 서로 공존을 하고 있다.**

그러나 분명한 것은 로마 가톨릭은 성경을 변질시켜 믿고 있는 초대형 이단 단체일 뿐 아니라(Super-Cult), 한 몸에 두 혼을 지니고서 종교와 정치를 공유하고 있는 거대한 바벨론의 조직인 사실을 깨달아야 한다.

현재 로마 가톨릭은 바티칸에 있는 성 베드로 광장에 바벨론 종교의 상징인 오벨리스크를(태양신) 세우고, **그 꼭대기에 세계 통치를 꿈꾸던 시저의**(시저의 이름은 666으로 구성되어있음) **재를 담은 청동 지구본을 올려놓고서**(계13:11-18), **그리스도의 지상 대리자임을 자처하기 위해 그 위에 다시 십자가를 세워 놓고 세속권세를 추구해왔었다.**

그런데 이러한 현상은 사탄이 인류 최초에 아담과 하와를 속인 수법과 같은 수법으로써, 오늘날에 지구촌의 많은 사람들을 속이고 있는 것인 사실을 우리는 분명히 깨달아야만 할 것이다(요8:44, 고후11:14).

로마 가톨릭의 사제인 플레처는 그가 편집한 기관지에서 "만일 교황이 그리스도의 대리자가 아니라면 적그리스도임이 틀림없다고" 했으며, 이그나티우스 사제로 불렸던 스펜서경도 **"만약 로마 가톨릭교회가 그리스도의 교회가 아니라면 그것은 마귀의 걸작품이다"**라고 말했다.

여기서 가톨릭 종교의 사상을 살펴보면 오늘날의 뉴에이지 운동이나 프로테스탄트 자유주의 사상과 맥을 같이 하고 있을 뿐 아니라, **이는 모든 것은 하나라는 새 시대운동과 새로운 세계질서를 추구하면서 모든 교회와 성도들을 파멸로 몰아가고 있는 것이다**(계13:15-18).

즉, 에큐메니즘 사상의 기본 골격은 모든 종교는 그 근원이 하나라는 종교다원주의에 바탕을 두고 있고, 이러한 종교다원주의를 조종하는 배후세력은 바로 로마 가톨릭이라는 사실을 깨달아야만 한다.

한편 오늘날 통합유럽(E.U)의 실무 관리들의 자녀 1만 3천여 명이 로마 가톨릭 교회의 예수회파가 운영하는 학교의 정규교육을 받고서, 아비와 마스터(지도자)라는 명칭을 소유하고 유럽 아홉 나라에 흩어져서 18세기 이후부터 지금까지 합리주의 철학운동인 계몽주의 사상을 이끌어오며 오늘날 통합유럽 사회를 지배하고 있다.

오늘날 세계교회협의회(WCC)는 역사상 가장 무서운 단일종교를 지향하면서 에큐메니즘의 모체가 될 것이 확실시 되고 있는 것이다.

그런데도 오늘날 대부분 기독교 지도자들과 신자들은 요한 계시록 13장 11-18절에 나오는 "땅에서 나오는 짐승이 바로 로마 가톨릭인" 사실을 알지 못하고서 거짓의 아비인 사탄에게 속고 있다(요8:44).

한편 질서로 알려진 Order라는 단어는 세계에서 완전한 피라미드 체제를 유지하고 있는 로마 가톨릭 교회에서 사용하는 명령어이다. 그런데 유럽공동체 본부에서 홍보용으로 발행한 엽서나 우표에는 한 여자가 짐승의 등에 올라앉아 있는 그림이 있는 것을 볼 수 있다.

이 음녀와 짐승은 제17:1-4의 음녀와 같은 음녀로서 오늘날 뉴 에이지 운동의 심벌로 연결되고 있고, 이들 세력들은 복음의 진실을 저버리고서 정치적 세력화를 위해 **범신론적 사상인 인본주의 사상을 조종하고 있는 뉴 에이지운동의 배후 조종자들이다.** 따라서 우리는 로마 가톨릭이 이들의 배후 세력이란 사실을 결코 잊어서는 아니 될 것이다.

① 그 이마에 이름이 기록되었으니 비밀이라 큰 바벨론이라, 땅의 음녀들과 가증한 것들의 어미라 하였더라, **또 내가 보매 이 여자가 성도들의 피와 예수의 증인들의 피에 취한지라,** 하략(계17:5-6).

● 논제(15). 마지막 한 이레(7년 환난)의 시작연도는 언제인가?

(답1). 7년 환난은 2023년경에 시작될 것으로 보인다.

예수님께서 인간을 구원하기 위해 이 땅에 오신 것을 알았던 사람들은 당시 종교 지도자들이 많았지만 한 밤에 양을 치던 목자들과(눅2:8-17) 동방박사들뿐이었고(마2:1-12), 처음으로 예수님의 구원사역을 선포한 사람은 하나님으로부터 특별히 선택받은 세례요한뿐이었다.

그리고 선지자 엘리야 시대에 많은 선지자의 생도가 있었지만, 정작 하나님께서 중용한 사람은 요즘으로 치면 신학대학 출신이 아니고 현장에서 12겨리 소를 몰며 밭 갈던 엘리사뿐이었다(왕하2:14-15). 성경에 나타난 이러한 사실들을 살펴보면 앞으로 있을 환난과 심판의 날을 밝혀주는 지도자가 그리 많지 않고, 앞으로 나타날 큰 능력의 종 또한 평범한 사람이 될 것이라는 사실을 예시하고 있다.

즉, 우리가 말세론을 해석하려면 요한 계시록과 다니엘서에 숨겨진 내용을 알아야 하는데, 이는 신학교에서 배우거나 앞서간 지도자들의 유전적 해석에 의해서는 알 수가 없고, 다만 하나님께 기도하여 응답을 받는 자들만이 온전히 알 수 있게 된다(고전2:10, 암3:7, 단7:16). 현재 나는 십자가 오른편 강도처럼 부끄러운 사람이긴 하지만, 성경 속에 숨겨진 비밀을 깨닫고 파수꾼의 사명을 다하지 않으면 심판을 받는다는 말씀이 두려워서 이 책을 출간하게 되었다(욜2:1, 겔33:8).

한편 나의 해석과 차이는 있지만, 물리학자인 뉴턴은 '뉴턴코드'에서 1260일(계11:3)을 에스겔 4장 6절에서 일일을 일 년으로 해석한 것에 따라 1260년으로 보고서, 교황 레오 3세로부터 대관을 받은 '샬레마뉴 황제'에 의해 용의 깃발로 재출발한 신성로마제국의(EU의 뿌리) 개시 연도인 AD 800년을 기준해 2060년 지구가 멸망한다고 했었다.

그리고 성경 다니엘서 9장 27절과 12장 11절에서는 앞으로 '멸망에 가증한 미운 물건'이 나오게 된다고 예언을 하고 있는데, 이러한 말씀을 풀어서 해석하게 되면 이러한 미운물건 때문에 하나님께서 또 다시 이 세상을 소돔성처럼 불로 멸하시게 된다는 뜻이기도 하다.

그런데 앞에서도 언급했지만 이러한 '멸망의 가증하고 미운물건'에다 인간이 생기를 불어넣어 말을 한다고 있어(계13:15), **이는 오늘날 '생체 기술'이나 '뇌 과학' 등의 생명공학의 발달로 실제로 가능하게 되었다.**

다시 말해 오늘날 과학 발전에 따라 복제동물이 나왔을 뿐만 아니라, BT 기술과, 4차 산업의 융합 기술에 따라 3D 프린터에 인간의 몸을 구성하고 있는 모든 물질을 넣고서 출력하면 실현 가능하게 되었다.

다만 생기를 불어 넣는다는 것이 생체기술의 발달에 따른 복제인간을 말하는 것인지, 아니면 하나님처럼 되려는 사탄의 사역에 따라 실제로 생기(의식)가 들어간 사람을 만든다는 것인지 명확치는 않다.

따라서 이러한 예언의 말씀들이 성취되어 가는 과정과 초강대국들의 이해관계에 의한 군사력의 증대는 물론 이러한 말씀과 그 짝이 되는 성경 말씀을 찾아(사34:16) 이를 자세하게 살펴보면, **우리가 환난과 심판의 날과 그 시간은 하나님 외에 그 누구도 알 수가 없지만, 그 연도까지는 알 수 있는 것으로 성경은 명확히 밝혀주고 있다.**

그리고 이러한 해석은 눅8:10, 고전2:10, 암3:7, 창6:3, 단7:16의 말씀 등이 확인을 해주고 있고, **마24:15, 단2:40, 44, 단7:23-25, 11:40-45, 계12:14-17, 17:7-13의 말씀 등이 입증을 해주고 있다.**

아무튼 성경 마태복음 24장 32절에서 나오는 '한 세대'는 창세기 15장 13절-16절은 100년으로 밝혀주고 있어, **성경의 모든 예언이 성취되는 시기를 이스라엘(한국)의 독립으로 보면 이 세상의 종말은 2048년이 되고, 내가 깨달은 중국의 핵무기 보유로 보면 2064년이 되고**(겔7:10), **북한의 핵무기 보유로 보면 2105년이 된다.**

결론적으로 성경 여러 곳에서 예언해주고 있는 말씀들을 자세히 살펴 보면, 한반도 통일전쟁으로부터 시작되는 **7년 환난은**(한 이레) **현대 과학의 발전에 따른 미운물건이**(인조인간) **만들어지는 과정과, 한반도 주변정세 등을 살펴볼 때 중국 시진핑 주석의 임기 내인 2023년경**(2022 -2024년) **시작될 것으로 보인다**(단2:40-44/ 7:23-24, 계13:1).

① 매일 드리는 제사를 폐하며 멸망케 할 미운 물건을 세울 때부터 일천 이백 구십일을 지낼 것이요, 기다려서 일천 삼백 삼십 오일까지 이르는 그 사람은 복이 있으리라(단12:11-12).
② 나팔 가진 여섯째 천사에게 말하기를 큰 강 유브라데에 결박한 네 천사를 놓아 주라 하매 네 천사가 놓였으니, **그들은 그 년 월 일 시에 이르러 사람 삼분의 일을 죽이기로 예비한 자들이더라**, 마병대 의 수는 이만만이니 내가 그들의 수를 들었노라(계9:14-16).
③ 여호와께서 아브람에게 이르시되 너는 정녕히 알라 네 자손이 이방에 서 객이 되어 그들을 섬기겠고 **그들은 사백년 동안 네 자손을 괴롭게 하리니**(중략), 그 후에 네 자손이 큰 재물을 이끌고 나오리라 너는 장수하다가 평안히 조상에게로 돌아가 장사될 것이요 **네 자손은 사대 만에 이 땅으로 돌아오리니**, 이는 아모리 족속의 죄악이 아직 관영치 아니함이니라 하시더니(창15:13-16).
④ **또 중수가 한 달란트나 되는 큰 우박이 하늘로부터 사람들에게 내리매** 사람들이 그 박재로 인하여 하나님을 훼방하니(계16:21).
⑤ 헤롯왕 때에 예수께서 유대 베들레헴에서 나시매 **동방으로부터 박사들이 예루살렘에 이르러 말하되(중략)** 이는 선지자로 이렇게 기록된바 또 유대 땅 베들레헴아 너는 유대 고을 중에 가장 작지 아니 하도다, **네게서 한 다스리는 자가 나와서 내 백성 이스라엘의 목자가 되리라 하였음이니이다**(마2:1-6).

(답2). 7년 환난 시작 연도에 대한 명확한 해석과 조명

우리가 성경에서 예언한 마지막 환난과·심판의 때를 알기 위해서는 겔21:10-15, 나2:3-4, 단2:40-44, 7:23-25, 11:40-45, 계12:9-17, 13:1-18, **17:7-13, 등에서 예언하고 있는 말씀을 통해서, 단9:27에 기록한 "한 이레의**(7년 환난)" **시작 연도를 먼저 깨달아야만 한다.**

즉, 처음과 나중이며 시작과 끝이신 하나님께서는 이 세상 마지막 때에 있을 사건들을 겔21:10-15, 나2:3-4, 슥6:1-8, 욜2:20, 단2:40-44, 7장-12장, 계7장-17장에서 주도적으로 밝혀주고 있다.

그러나 오늘날의 많은 기독교 지도자들과 성직자들은 이에 대한 정황적인 해석만 내 놓고 있을 뿐, 성경 말씀으로 이를 명확하게 입증을 해주지는 못하고 있다. 따라서 오늘날의 많은 기독교 신자들은 물론 성직자조차도 이에 대한 갈증과 의구심을 갖고 있는 것이 사실이다.

그런데 다니엘서와 요한 계시록에 숨겨져 있는 비밀을(눅8:10), **이제 그 알 때가 되었기에**(계22:10), **내가 수년 동안 하나님께 부르짖었더니 이를 알게 하셨다**(암3:7, 단2:40-44, 7:23-25, 계13:1-5, 17:3-17). **따라서 나는 파수자의 사명에 따라 이를 밝히고자 한다**(욜2:1, 겔33:8).

즉, 앞에서도 언급을 했지만 하나님께서 칠십 이레(490년)의 기간을 정하고서 ①예루살렘 성을 중건하라는 명령이 내린 날로부터(느2:2-9) ②일곱이레(49년)와 육십이 이레(434년) 후에 메시아가 이 땅에 오셨다 다시 끊어진다고 예언했었는데(단9:25-26), 이러한 예언은 그 예언한 대로 정확히 성취되었다는 사실을 오늘날 대부분의 기독교 지도자들이 익히 알고들 있다(요12:13, 483년).

그러나 하나님께서 특별히 작정하신(단9:27) 마지막 **"한 이레"** 즉, **"칠년 환난"의 시작연도는 대부분의 사람들이 알지 못하고 있고, 그 해석 또한 분분하여 여기서 이를 자세히 밝히고자 한다.**

먼저 성경은 하나님께서 바벨론제국 이후 놋과 같은 나라의(로마) 뒤를 이어 **철과 같이 강한 네 번째 나라의**(중국) ①**'열 번째 왕'**(지도자) **임기 내에 영원한 한 나라를 세우실 뿐 아니라**(단11:44), **이를 위해** ②하나님께서는 알지 못하는 나라를 불러 영화롭게 하시고(사55:5), ③동방에서 한 사람을 불러 **열국을 치리하게 하신다고 명확하게 예언을 해주고 있어**(사41:2, 25, 계12:5), **이러한 말씀의 내용과 사역현장을 지정학적으로 살펴보면 이는 분명히 오늘날의 한반도를 가리켜주고 있다**(사46:11, 단11:32, 44, 계7:2, 12:14, 12:17).

따라서 성경은 "칠년 환난"으로부터 시작되는 이러한 사역에 하나인 "전 삼년 반 환난"은 ①동방에서부터 인치는 사역과(계7:2-3, 계11:1), ②두 증인 사역과(계11:1), ③**"철장권세로 만국을 다스릴 남자"를 낳기 위한 여자의 광야 사역으로부터 시작된다고 밝혀주고 있을 뿐만 아니라**(계11:3- 6, 12:14), **단2:40-44, 7:23-24에서는 그 시기를 계12:3, 13:1, 17:7과, 단7:3-7에 나오는 짐승국가**(공산주의) **중에 하나인**(계17:13) **중국의 열 번째 지도자**(왕) **즉, 시진핑 주석의 임기 내에** (2022-2024년) **시작된다고 명확히 예언을 해주고 있다**(단2:40-44, 욜2:20, 슥6:1-8/ 러시아 푸틴 대통령도 10번째임),

그리고 성경은 또 이러한 대 사역의 나라는(단2:44) ①북쪽에 메마르고 적막한 땅과(만주, 몽골) 동·서해가 있고(욜2:20), ②두 놋산 아래로 홍마(북한)·흑마(미국)·백마(두 증인과 순교자)·어룽진 말(중국) 등의 군대가 서로 대치를 하고 있는(슥6:1-8), ③동방(북)의 나라라고 밝혀주고 있어(계7:2-3, 사41:2, 계12:5, 단11:44, 계12:17), 이는 분명히 한반도를 가리켜주고 있다(p71-85에서 자세히 설명).

따라서 "전 삼년 반 환난"은 중국 시진핑 주석의 임기 내인 2023년경 (2022-2024년) **한반도 통일전쟁으로부터 시작될 것이다**("큰날재림 교회" 김운혁 목사도 같은 예언을 하고 있으니 참고바랍니다).

한편 이를 다시 설명하면 성경은 하나님께서는 **"땅의 넷째 나라로써 철과 같은 나라의 열 왕의 때에 영원한 한 나라를 세우시는데**(개역성경 단2:40-44)", **이를 위해서 "칠년 환난"은** 물론 동방에서 대 사역을 시작한다고 예언을 하고 있다(계7:2-3, 12:5, 사41:2, 25, 단11:44).

그런데 **"칠년 환난"**의 때를 깨닫게 해주는 **"땅의 넷째 나라로써 철과 같은 나라가 중국을 뜻한다는 사실"**에 대해서 살펴보면, 성경은 일곱 머리에(애굽, 블레셋, 앗수르, 바벨론, 헬라, 로마, 소련) 뿌리를 두고 여덟 번째로 나오는 짐승국가(러시아)와 더불어(계12:3, 13:1, 17:11), **권세를 공유하는 이 짐승 국가가**(단계17:12), **①단7:24-24은 열 뿔 (왕)을 가진 철과 같은 땅의 넷째 나라라고** 밝혀주고 있어 단2:40-44에 나오는 나라와 같은 나라인 사실을 밝혀주고 있을 뿐만 아니라,

다른 성경은 그들은 옷과(군복) **방패가**(국기) **붉고**(나2:3, 홍위병), 용이 그 상징물일 뿐 아니라(계12:3, 9), **유프라테스 강가에서**(계9:14) 제 3차 대전을 전개해(겔21:14, 계9:15), **사람 1/3을 죽이는 이억 명의 군인을 보유한**(계9:16, 중국은 민병대가 3억 명임) **동방의 나라라고**(계 16:12, 17:12), **밝혀주고 있어 중국을 가리켜주고 있기 때문이다.**

따라서 성경은 **"칠년 환난"** 중에 **"①전 삼년 반 환난"은** 바다에서 나오는 짐승국가(공산주의) 중에 하나인 중국의 열 번째 왕인(지도자), 시진핑 주석 임기 내인 2023년경(2022-2024년) **지구촌 동북의**(동방) **한반도 통일전쟁으로부터 시작되고**(단2:44, 11:44, 사41:2, 25, 46: 11, 욜2:20, 슥6:1-8. 계12:13-17/데이비드 오어 목사, 캐스린 브라운 교수, 한국의 서사라 목사, 큰날재림교회 김운혁목사 등도 예언).

"②후삼년 반의 환난"은 중국의 열한 번째 왕의(지도자) **임기로부터 (2026-2028년경) 시작된다고 명확하게 밝혀주고 있는 것이다**(단 7:23-25, 계9:13-16, 12:17, 16:12, 17:7-13).

● 논제(16). 성경이 예언한 동방의 한나라인 한반도의 미래사

(답1). 한민족은 제2의 이스라엘(언약민족) 이다.

한민족은 ①아담의 칠대 손인 '욕단'의 후손들이 수메르지방에서부터 발원하여 점차 동쪽으로 향하여 한반도에 이르렀을 것이라는 주장과(창 10:25), ②야곱의 열 두 아들 중에서 자기 백성의 심판 권한을 부여받은 '단'지파 후손들이 가나안 땅에서부터 발원하여 점차 동쪽으로 건너와 한반도에 정착했다는 주장이 있다(창49:16).

그런데 성경을 토대로 한민족의 역사 · 유물 · 언어 · 제사 · 풍속 · 민족성 등을 자세히 살펴보면 **한민족은 '욕단' 또는 '단'지파의 후손들이 점차 동쪽으로 건너와 한반도에 정착한 후에 자신들 씨족 이름의 끝 자인 '단'에 임금 군자를 붙여 '단군'이라고 명명했었거나, 아브라함의 후처인 '그두라'의 자손들인 것으로 보인다**(창25:1-6).

인류는 바벨탑 사건 후 시날 평지에서부터 흩어졌는데 샘의 자손은 메사에서부터 스발로 가는 동편 산에 머물렀다고 함으로써(창10:30), 샘의 자손인 한민족의 발원지는 유프라테스 강 유역이며, 수메르와 메소포타미아문명의 중심지인 이라크 남부지역인 것으로 추정된다.

검은 머리라는 뜻의 수메르는(sumertion) 아브라함의 고향인 갈대아 우르지방을 말하는데, 이 곳에서 발견된 토판 중에서는 천지창조와 노아홍수 등이 성경말씀과 동일하게 기록되어 있다고 한다.

그리고 한반도 평양지방에서 출토된 고조선시대 유물 중에는 고대 히브리어로 "신의 나라에 도착했다"는 글이 새겨진 기왓장이 발견되어 '국립광주 박물관'에 소장되어 있고, 수메르 문명의 흔적들이 북한의 대동강 유역에서 많이 발견되고 있다고 한다. 따라서 이러한 사실들은 한민족이 샘의 자손인 수메르민족일 가능성을 뒷받침하고 있다.

한편 여기서 유대민족과 한민족의 동질성에 대해 자세히 살펴보면, 유대민족이 사용하는 수메르어는 한국어처럼 주어에 가·는·은·이 등이 붙고, 주어+목적어+동사의 순서인 교착어일 뿐 아니라,

①유대민족이 유월절을 기념하기 위해서 정월보름 전날 밤에 어린양의 피를 문설주에 바르고 쓴 나물을 먹으며 새벽을 기다리는 풍속이 있듯이 (유월절은 1월 15일, 출12:7-11) 한민족도 동짓날 피를 상징하는 붉은 팥죽을 끓여 문설주 주위에 뿌리고 정월보름 전날 나물을 먹으며 새벽을 기다리는 풍속이 있으며, ②유대민족에게 '시내산' '호렙산' '갈멜산' 등의 신성시 하는 산이 있다면 한민족도 '백두산(하늘의 연못)' '한라산 (하늘동물이 물먹는 백록담)' '태백산(인당수)' 등의 산이 있고,

③유대민족에게 율법이 있다면 한민족은 홍익인간과 경천애인 사상이 있고, ④유대민족에게 생명을 뜻하는 감람나무가 있다면 한민족은 생명을 뜻하는 감로수가 있고, ⑤유대민족에게 갈멜산 기우제 기도가 있었다면 한민족도 마니산 첨성단의 기우제 기도가 있었으며,

⑥유대민족의 시오니즘과 한민족의 배달사상은 같은 것이고, ⑦유대민족의 야훼와 한민족의 하느님은 같은 신을 뜻하며, ⑧유대민족과 한민족은 두개골 형태가 비슷하고, ⑨유대민족과 한민족은 일 년이 360일인 60진법을 사용하고 있고, ⑩히브리어와(수메르어) 한국어는 모두 아버지를 아비(아빠), 길을 기-일(GIR)이라고 같은 발음을 하고 있어, 문화적·종교적·언어학적으로 그 동질성을 엿볼 수가 있다.

그리고 성경 이사야서 41장 2절에 나오는 ⑪동방에서 사람을 부른다는 말에서 '부르다'라는 말은 히브리어 발음으로 카라(to call)인데, 이를 명사인 '부르는 사람'으로 바꾸면 korea의 옛말인 'kore(코레, 고려)'가 될 뿐만 아니라 ⑫예수께서 십자가 위에서 하신 '이제 다 이루었다'는 말씀에 때를 가미하면, 이는 한국말에서만 승리를 뜻하는 일곱 수로 귀결되어 매우 의미심장한 일이 아닐 수가 없다.

그런데 오늘날 대부분의 민족들이 자신들의 우월성을 강조하기 위해 자신들의 역사를 조금씩 부풀려 기록하고 있다는 사실을 감안하고서, 성경에 나타난 6천년 역사를 실낙원 이후의 시간대로 살펴보면 오늘날 과학적으로 밝혀진 역사 연대와 그의 맞아떨어지고 있다.

즉, 한민족은 역사적, 문화적, 고고학적, 언어학적, 지정학적으로 살펴 보면 ①'욕단(창10:25)' 또는 ②'단'지파의 후손들이거나(창25:1-6), 아브라함의 후처인 ③'그두라'의 후손들인 것으로 보인다(창49:16).

① 에벨은 두 아들을 낳고 하나의 이름을 벨렉이라 하였으니 그 때에 세상이 나뉘었음이요 벨렉의 아우의 이름은 욕단이며(창10:25).

② 단은 이스라엘의 한 지파 같이 그 백성을 심판하리로다(창49:16).

③ 아브라함이 후처를 취하였으니 그 이름은 그두라라 그가 시므란과 욕산과 므단과 미디안과 이스박과 수아를 낳았고(창25:1-2).

④ 그 피로 양을 먹을 집 문 좌우 설주와 인방에 바르고 그 밤에 그 고기를 불에 구워 무교병과 쓴 나물과 아울러 먹되(중략), **허리에 띠를 띠고 발에 신을 신고 손에 지팡이를 잡고 급히 먹으라, 이것이 여호와의 유월절이니라**(출12:7-11).

⑤ 예수께서 신 포도주를 받으신 후에 **이르시되 "다 이루었다" 하시고 머리를 숙이니 영혼이 떠나가시니라**(요19:30).

⑥ 누가 동방에서 사람을 일으키며 의로 불러서 자기 발 앞에 이르게 하였느뇨, 열국으로 그 앞에 굴복케 하며 그로 왕들을 치리하게 하되 **그들로 그의 칼에 티끌 같게, 그의 활에 불리는 초개같게 하매 그가 그들을 쫓아서 그 발로 가 보지 못한 길을 안전히 지났나니, 이 일을 누가 행하였느냐 누가 이루었느냐 누가 태초부터 만대를 명정하였느 냐 나 여호와라 태초에도 나요 나중 있을 자에게도 내가 곧 그니라** (중략, 사41:2-4).

(답2). 한반도가 제2의 가나안(언약) 땅인 성경의 입증

하나님께서 아브라함에게 "땅의 모든 족속이 너로 인해 복을 얻을 것이라(창12:2-3)" 언약하여 인류의 구원은 아브라함의 자손을 통해서 성취된다. **그러나 이는 육적 자손을 말하는 것이 아니고**(실로가 올 때까지, 창49:10), **하나님의 언약을 어김으로 인한 인간의 죄 문제 · 사탄 문제를 해결하기 위해**(요일3:8), **여자의 후손으로 오신 예수 그리스도를**(창3:15, 사53:5) **영접해 성령을 받은**(요3:5), **세계만방의 영적인 자손을**(기독신자들) **말하는 것이다**(요1:12, 롬8:1-2, 갈3:14).

때문에 하나님께서는 ①본래는 당신의 백성이 아니었던 다른 민족을 불러 당신의 백성을 삼으시어 이스라엘민족이 시기하며 분노하게 하고(롬11:11, 신32:21, 호2:23), "②**동서로부터 많은 사람들이 천국에 앉으려니와 예수님을 배역한 이스라엘민족은 바깥 어두운 데 쫓겨나 울면서 이를 갈게 되고, ③하늘나라의 축복을 그 열매 맺는 민족이 받는다.**" 하고서 명확하게 예언을 해주고 있다(마8:12, 21:43)

따라서 선지자 이사야는 "①동방에서 한 사람을 의로 불러 당신의 발 앞에 이르게 하고 열국 백성으로 그 앞에 굴복케 하며 그로 왕들을 치리케 하며(사41:2, 계12:5), ②**한 사람을 북쪽에서**(36도 이북 한반도) ③**당신의 백성을 동방에서 오게 하고**(사41:25), ④동방에서 당신의 모략을 이룰 한 사람을 부르며(사46:11), ⑤**네가 알지 못하는 나라를 불러 영화롭게 한다고 명확하게 예언을 해주고 있다**(사55:5),

그리고 선지자 다니엘은 ①마지막 환난에서(짐승국가 통치) 하나님을 의지하고 용맹을 발하는 한 민족이 일어나서(단11:32) ②**짐승국가에게 큰 타격을 가하여 이들을**(러시아와 중국) **번민케 하고 분노케 하는데,** ③**이러한 나라는 분명히 지구촌 동북에**(북위 36도 이북) **위치한 민족의 나라라고 명확하게 예언을 해주고 있다**(단11:44, 계12:17).

한편 하나님께서 긍휼히 여기시는 이러한 나라는(욜2:18, 26-32, 슥8:20-23) **북쪽에 메마르고 적막한 땅이 있을 뿐만 아니라, 동해와 서해가 있고**(욜2:20/이스라엘은 북쪽에 비옥한 땅인 레바논과 갈릴리 바다가 있고, 남쪽으로 사해가 있음),

또 두 놋산 아래로 단7:2과 계7:1의 네 바람(군대)과 그 뜻과 맥을 같이 하는 하늘의 네 바람이(군대/ 홍마, 흑마, 백마, 어룽진 말) 서로 대치를 하고 있는 나라라고 명확하게 밝혀주고 있다(슥6:1-8).

따라서 나는 몸에 전율이 함께 하는 영감으로(욥4:15, 단7:16, 암3:7), **욜2:20의 ①동해 서해가 있는 나라는 한반도, ②북쪽의 메마르고 적막한 땅은 만주와 몽골, 슥6:1-8의 ③두 놋산은 남북한, ④홍마는 북한군, ⑤흑마는 미군, ⑥백마는 두 증인과 마지막 종, ⑦어룽진 말은 중국군인 사실을 깨달았다**(단2:40-44, 7:24, 나2:3-4, 계9:16, 16:12, 17:12).

그런데 오늘날 많은 기독교 성직자들은 겔21:14, 나2:3-4, 슥6:1-8, 욜2:20의 말씀 등을 앗수로와 바벨론의 이스라엘 침공으로 보고 있다.

그러나 ①이러한 전쟁을 주도하는 나라는 용이 그들의 상징물일 뿐 아니라(계12:3, 9) ②군복과 방패가(국기) 붉고(나2:3; 홍의병), ③광선 무기인 핵무기를 사용하는(겔21:14, 계9:15), ④마지막 전쟁인 사실 등을 살펴보면, 이는 성경에 반하는 잘못된 해석이다(욜2:2, 30-32).

성경이 이처럼 여러 곳에서 한반도에 대한 명확한 예언을 해주고 있음에도, 한국의 기독교 지도자들과 신자들은 한반도에 관한 기록이 성경에 없는 것으로만 알고 있어, 안타까운 일이 아닐 수 없다.

그러나 ①미국 신디 제이콥스 목사는 한반도가 곧 통일되어 한반도로 부터 전 세계로 불게 되는 성령의 바람을 보았다고 했고(계7:2-3), ②캐스틴 브라운 교수도 한반도 상공에서 천사가 나팔을 불고 기름을 붓는 장면을 보았다 했고, **③데이비드 오어 목사와 ④한국의 서사라 목사 역시 제2 한국전쟁의 계시를 받았다고 선언한바 있다.**

(답3). 다니엘, 요엘, 스가랴가 예언한 한반도 통일전쟁

앞에서도 언급했지만 성경에서 말일에 있다고 한 전쟁을 살펴보면, 그 시기와 장소와 내용이 서로 다른 두 가지 전쟁을 나타내주고 있다. 즉, ①"전 삼년 반 환난" 시작을 나타내주는 그 첫 번째의 전쟁은, 하나님께서 계7:2-3, 11:1에 나오는 두 증인의 사역과, "철장 권세로 만국을 다스릴 남자"를 낳기 위한 여자의(하나님의 영) 광야 사역을 위해서(계12:14), 동방에서부터 하나님의 인을 칠 때까지 하늘의 네 바람을 불지 못하게 하시는데(계7:2), **이때 하나님을 의지하고 용맹을 발하며**(단11:32) **짐승국가를 분노케 하는 백성은 지구촌 동북에 있는 나라의 백성이라고 밝혀주고 있어**(사41:25, 단11:44, 계12:17), **이는 명확히 한반도 통일전쟁을 나타내주고 있다**(욜2:20, 슥6:1-8).

②그리고 **"후 삼년 반 환난"의 시작을 나타내주는 그 두 번째 전쟁은 용이 그들의 상징물이고**(계12:3, 9), **국기와 군복이 붉은**(홍위병, 나2:3 -4), 이억 명 군인을 거느린 동방의 나라가(계9:16, 16:12) **유프라테스 강가인 중동에서**(계9:14) **제 3차 대전을 벌여**(겔21:14), **광선의무기인 핵무기로**(나2:4) **사람 1/3을 멸한다고 밝혀주고 있어**(계9:15), **이는 분명히 세계 제 3차 대전을 나타내주고 있다**(겔21:14-17, 38:14-16, 단2:40, 7:24, 9:27, 11:44, 계9:14-16, 12:17, 17:7-13).

따라서 이러한 예언은 첫 사람 아담은 산영이 되었지만 둘째 아담 예수는 살려주는 영이 되었고(고전15:45-53), 육의 아들인 첫째 아들 '에서'는 버리고 믿음의 아들인 둘째 아들 '야곱'을 택하신 것처럼, 하나님께서는 그 첫 번째 육적인 언약 민족인 지금의 이스라엘은 버리고(신32:21, 마8:11-12, 21:43), **그 두 번째로 영적인 언약 민족을 동방에서 택하여**(사41:2, 25, 46:11, 55:5, 단11:44, 욜2:20) **당신의 마지막 구원 사역을 성취하신다는 말씀인 것이다**(욜2:2).

한편 내가 받은 해석을 ( )로 주석을 달아 다시 설명하면(암3:7) "전 삼년 반 환난"의 시작을 나타내주는 그 첫 번째 전쟁은 "①흑마가 북편 땅(북한)으로 나아가니 백마가(계11:1-4, 두 증인과 마지막 종들) 그 뒤를 따르고, ②북방(북한)으로 나간 자들이 북방에서 하나님의 뜻을 성취할 뿐 아니라(슥6:5-8), ③북편(북한) 군대를 멀리 떠나게 하여 메마르고 적막한 땅으로(만주, 몽골/ 이스라엘은 북쪽에 비옥한 레바논 땅과 갈릴리 호수, 남쪽에 사해) 쫓아내리니, 그(북한군) 전군은 동해로 그 후군은 서해로 들어갈 것이라 하고 있고(욜2:20), ④여자가(하나님의 영, 능력의 종) 큰 독수리의 두 날개를 받아 광야 자기 곳으로(한반도) 날아가 거기서 그 뱀의 낯을 피하여 한 때와 두 때와 반 때를 양육 받으매(전 삼년 반 환난), ⑤뱀이(중국과 러시아, 계12:3, 9, 13:1-5, 17:13) 그 입으로 물을 강 같이 토하여 여자를 물에 떠내려가게 하려 하되, ⑥땅이(미국) 여자를(광야, 한반도) 도와 그 입을 벌려 용의 입에서 토한 강물을 삼키니(계12:16, 한반도 통일), ⑦용이(중국과 러시아) 여자에게(하나님의 영과, 두 증인의 사역) 분노 해 돌아가서 여자의 남은 자손 곧 하나님의 계명을 지키며 예수의 증거를 가진 자들로 더불어 싸우려고 바다 모래 위에(유프라테스 강가) 섰더라." 하고 예언을 해주고 있는 것이다(계12:17, 단11:44).

그런데 오늘날 많은 기독교 신자들이 복음의 전초기지를 삼으시려고 죄악을 소탕하기 위한 한반도 통일전쟁을 놓고서 평화통일이 되게 해달라고 열심히 기도드리고 있다. 그러나 이는 예수님께 십자가를 저버리라고 간청했던 베드로처럼 의인과 악인을 심판하지 말고는 인본 적인 기도가 되어, 하나님의 뜻에 역행하는 기도가 된다.

즉, 하나님께서 이스라엘 민족을 '애굽'에서 이끌어냈었지만 우상숭배 하고 원망하던 이들을 광야에서 모두 죽게 하고, 여호수아와 갈렙 및 그 후손들만 가나안 땅에 들이셨던 사실을 깨달아야만 한다.

한편 성경은 또 창세기 1장 3-5절의 낮(빛)과 밤(어두움)과는 명확히 다른 해와(陽) 달과(陰) 별들의(木火土金水) 빛에 의한 낮과 밤을 1장 14-18절에서 다시 창조했을 뿐만 아니라, 천사(陽)와 사탄(陰), 남자(陽)와 여자(陰) 등의 창조하심은 물론 모든 만물을 물체 중간에 핵(陽, 陰)을 두고 이 핵 주위를 전자가(五行, 木火土金水) 끊임없이 돌게 하여 (텔레비전, 컴퓨터, 스마트폰, 세포), **이 세상을 상대성원리와 음양오행의 법칙으로 창조하셨다는 사실을 명확히 밝혀주고 있다.**

따라서 하나님의 창조사역의 원리인 이러한 음양오행의 법칙에 따라 당분간은 문재인 정부와 미국 트럼프 정부가 북한과 평화 정책을 유지해 가겠지만, **이는 어디까지나 하나님께서 그 작정한 기한까지 지속되다가 2023년경**(2022-2024년) **북한의 급변사태 따라 전쟁에 의해 북진통일되게 되는 것이다**(욜2:2, 20, 슥6:1-8, 단11:32, 44, 계12:13-17).

그리고 이러한 한반도 통일전쟁은 하나님께서 한반도에서 철장권세로 만국을 다스릴 한 사람을 불러 한반도의 죄악을 소탕하고 한반도를 인류구원의 전초기지를 삼기 위해 만세 전에 작정한 땅이기 때문에 필연적일 수밖에 없다(단2:44, 사41:2, 25, 46:11, 계12:5-6).

즉, 노아 때에 하나님께서 이 세상을 홍수로 심판하신 것은 하나님의 아들들(4차원체)과 사람의 딸들(3차원체)이 결혼해 네피림(기형체)을 탄생시킴으로써 당신의 창조의 법칙을 파괴했기 때문이다.

그런데도 오늘날 한국 여성들은 그의 벗은 몸의 활보는 물론 성행위 춤 등의 음란문화를 양산해 남성의 본성(욕정)을 자극함으로써 이를 참지 못한 살인이 '성매매방지법' 제정 이전보다 넘쳐나게 하고 있다. **이는 창조의 섭리인 수컷 본성에**(돈을 주고 살 정도의 욕구) **역행해 여성 자신들의 아들과 남편들을 살인자 또는 성범죄자로 만들고 있을 뿐만 아니라, 집 나가면 남의 남자 남의 여자를 만들어 거짓된 삶을 양산하고 있는 것이다.**

성경은 솔로인 남여의 합의에 의한 성행위를 심판한 예는 찾아보지를 못했다(성을 샀던 유다는 물론, 창기 라합도 예수님 족보에 올라 있음). 다만 거룩하지 못한 행위인 것이다.

아무튼 한반도는 하나님께서 만세 전에 작정한 언약의(가나안) **땅이기 때문에 우상숭배, 음란, 살인, 배도, 분리, 사기, 당파싸움, 인본주의, 이기주의 사상 등이 넘쳐나고 있는 오늘날의 한반도 현상을 그대로 두고서 한반도를 평화통일 되게 할 수는 없는 것이다. 이는 하나님의 정체성인 공의를 파기하기 때문이다.**

① 또 너희에게 이르노니 동 서로부터 많은 사람이 이르러 아브라함과 이삭과 야곱과 함께 천국에 앉으려니와 **그 나라의 본 자손들은 바깥 어두운 데 쫓겨나 거기서 울며 이를 갈게 되리라**(마8:11-12).

② 그러므로 내가 너희에게 이르노니 **하나님의 나라를 너희는 빼앗기고 그 나라의 열매 맺는 백성이 받으리라**(마21:42-43).

③ 누가 동방에서 사람을 일깨워서 공의로 그를 불러 자기 발 앞에 이르게 하였느냐 **열국을 그의 앞에 넘겨주며 그가 왕들을 다스리게 하되 그들이 그의 칼에 티끌 같게, 그의 활에 불리는 초개같게 하매**(사41:2).

④ 내가 북쪽 군대를 너희에게서 멀리 떠나게 하여 메마르고 적막한 땅으로 쫓아내리니 **그 앞의 부대는 동해로, 그 뒤의 부대는 서해로 들어갈 것이라 상한 냄새가 일어나고 악취가 오르리니 이는 큰일을 행하였음이니라 하시리라**(욜2:20).

④ 모신 자가 이처럼 이르되 네째 짐승은 곧 땅의 네째 나라인데(중략) 그 열 뿔은 이 나라에서 일어날 열 왕이요 그 후에 또 하나가 일어나리니 그는 먼저 있던 자들과 다르고 또 세 왕을 복종시킬 것이며(단7:23-24).

(답4). 이방 선지서인 격암유록과 정유결의 남북통일 예언

"격암유록"이 실제로 존재하고 있는지 여부는 명확히 알 수는 없다. 그러나 격암유록 '말운론'에서 "統合之年何時 龍蛇赤狗喜月也 白衣民族 生之年(통합지년하시 용사적구희월야 백의민족 생지년)이라 하여" **한반도 통일연도를 용사(龍蛇)년 적구(赤狗)월이라고 예언하고 있다.**

만약에 이러한 예언이 진실이라면 용사(龍蛇)는 진사(辰巳)년을 적구(赤狗)는 병술월을(丙戌月 음력 9월) 의미함으로, 병술 월이 들어 있는 진사(辰巳)년은 을사년(乙巳年)인 서기 2025년에 해당된다.

그리고 한국에는 '정유결'이란 예언서가 있는데 여기서도 을사년인 음력 2025년 9월 30일에 한반도가 통일된다고 예언하고 있어, 이러한 예언을 뒷받침 해주고 있다.[인터넷 밝달(지식스닷컴) 참고]

그런데 미국의 국가정보위원회(NIC) 분석에서도 서기 2025년 안에 한반도의 통일이 이뤄지게 된다고 발표했었다. **NIC는 '글로벌트렌드 2025'라는 보고서에서 서기 "2025년까지는 한반도가 단일국가 또는 남북연방 형태의 통일이 될 것이다"라고 예측만 했었다.**

미국 국가정보위원회(NIC)는 미국 대통령 정보국장 등의 고위정책자에게 각 정보기관들의 분석을 종합해 보고하는 기구로써, **미국이 수집하거나 보유한 최고급 비밀정보에 해당하여 한반도에 살고 있는 우리들은 이를 눈여겨봐야 할 일인 것이다.** 여기서 남북통일의 구체적 시기와 형태를 언급됐다는 사실에 우리는 주목을 해야만 한다.

이러한 미국 정보기관의 보고서는 한반도가 하나님의 마지막 사역을 위해서 선택된 나라라는 사실을 밝혀주고 있는 **또 하나의 징조라는 사실을 나타내주고 있다. 아무튼 오늘날 우리들은 정신을 차리고서 전 국민 회개운동에 전력투구해야 때인 것이다.**

[2025년 남북통일, 미 NIC|작성자 스로다치카페르 2009.01.01]

(답5). 한반도 통일전쟁을 위한 미국의 역할과, 일본의 미래

하나님께서 애굽 나라의 왕 바로의 마음을 완악하게 하시고(출7:13, 10:1), 사울 왕의 마음을 번뇌케 하시고(삼상16:14), **바사 왕 고레스의 마음을 감동시키는 등의**(대하36:22-23) **성경에 나타난 역사적 사실을 살펴보면, 인간의 마음은 하나님께서 주관하신다는 것을 알 수 있다.**

따라서 우리는 지금까지 미국과 국제연합이 그 어떤 제제를 가해도 이에 연연하지 않고 핵무기제조와 미사일을 발사하는 등으로, **전쟁준비에만 전념하다가 지금에서야 평화정책 제스쳐를 취하고 있는 북한 김정은의 마음도 하나님께서 주관하신다는 사실을 깨달아야만 한다.**

즉, 성경 마8:11-12, 21:43, 호2:23, 신32:21, 욜2:18-20, 28-32, 슥6:1-8, 단2:44, 11:32, 11:44, 사41:2, 25, 사46:11, 계7:2, 12:4-5 등의 말씀을 살펴보면, 한반도는 하나님께서 인류구원의 전초기지로 삼기 위해 만세전에 작정하신 땅이라는 사실을 알 수가 있다(시49:14).

그런데 여자가 옥동자를 낳기 위해서 해산의 고통을 감수해야만 하듯, 성경 다니엘서 11장 9-14절 예언의 실현을 위한 한반도 통일전쟁은 필연적일 수밖에 없기에 남한 정부와 미국이 협상을 통해 모든 노력을 다하여도 사탄의 조종을 받고 있는 북한은 종국에는 불장난을 저지르게 될 것이다. **아마도 이는 음의 기운을 강하게 받는 2023년경에 전개되겠지만, 하나님의 작정에 따라 미국의 적극 개입으로 전쟁은 순간에 끝나고 한반도는 북진통일 되어 세계의 강국으로 우뚝 서게 될 것이다.**

따라서 전 국민의 85%가 기독교인인 미국 정부는 한국을 경제적으로 압박하지 말고 오히려 도와야 할 책무가 있다. 이는 창조주 하나님의 만세 전에 작정하신 뜻이기 때문에, **종국에는 제 2 한국전쟁에 미국은 적극 개입하여 전쟁을 승리로 이끌게 되고, 또 통일 후 많은 미국 기독교인들이 재산을 팔아 한반도로 몰려올 것이기 때문이다**(슥8:23).

한편 요즘 일본 정부 정치가들의 언행과 행태를 보면 참으로 어처구니 없고 한심하기 그지없다. **이는 마치 사람이 선악과를 먹으면 죽지 않고 하나님처럼 된다고 거짓말하여 아담과 하와를 속인 것처럼, 전 세계의 사람들을 속이고 있는 사탄의 장난에 지나지 않는 것이다.**

여러 번(임진왜란, 청일전쟁, 한일합방) 남의 나라를 침략해 재산의 수탈은 물론 고문, 살인, 강간(위안부), 집단학살 등을 자행했던 자들의 후손들이 회개와 자숙은커녕, 오히려 이러한 사악한 짓을 한 조상들을 숭배하거나 전혀 가책 없이 받아들이고 있어 안타깝다.

우상 숭배국가인 일본의 이러한 작태는 제 2차 세계대전 때 같은 가해자이면서 기독교 국가인 독일과는 너무나 대조적일 뿐 아니라, 이는 양심의 화인을 맞아 지옥으로 향하게 되는(딤전4:2) **망국 백성들의 몰지각한 행위에 지나지 않는다는 사실을 깨달을 수 있다.**

하나님께서는 분명히 "섬들아 내 앞에 잠잠하라 민족들아 힘을 새롭게 하라 가까이 나아오라 그리고 말하라 우리가 서로 재판자리에 가까이 나아가자, **누가 동방에서 사람을 일으켜서 공의로 그를 불러 자기 발 앞에 이르게 하였느냐 열국을 그의 앞에 넘겨주며 그가 왕들을 다스리게 하되 그들이 그의 칼에 티끌 같게 그의 활에 불리는 초개같게 하매**(사 41:1-5)" **하며 섬나라의 미래사에 대해서 밝혀주고 있다.**

이는 하나님께서 ①마지막 때 두 증인의 활동무대로 삼아(계11:2-7), ②마지막 성령의 인을 치시고(계7:2-3), ③철장권세를 가진 심판자를 부르시기 위해(사41:2, 계12:5), ④적그리스도조차 침범하지 못하도록 만세 전에 작정하신(단11:32, 44), ⑤**동해와 서해가 있는 한반도를 놓고서**(욜2:20), ⑥**전 국민의 80%가 우상숭배로 넘쳐나는 간교한 섬나라들은 가타부타 하지 말고 잠잠히 있으라고 경고하고 있는 말씀이다.**

따라서 한반도에 살고 있는 우리들은 이러한 성경말씀을 마음 깊이 간직하고서 열 받지 말고 묵묵히 참아내야만 한다.

하나님께서는 이러한 섬나라들의 못된 행태와 인류의 마지막 때 적그리스도 국가가 자행할 잔인성을 예언하고서 어느 나라든, **당신의 모략을 이루기 위한 한 사람을 보내시기 위하여 선택한 한반도를 시험하거나 괴롭히다가는 지구상에서 타작마당의 티끌같이 날려 보낼 것이라 하고 명확히 경고를 하고 있다**(사41:15-16).

일본 지도자들의 이러한 정치행태는 길어야 앞으로 15년 이내이고 종국에는 국토의 절반이 물에 잠기는 비극을 맞게 될 것이다. **다시 말해서 물불을 모르고 까불어대는 일본의 이러한 작태는 사탄의 장난에 불과하니, 하나님께서 전 세계를 구원하기 위해 특별히 선택한 한반도에 살고 있는 우리들은 열 받지 말고 오히려 기뻐해야만 한다.**

① 또 보매 다른 천사가 살아 계신 하나님의 인을 가지고 **해 돋는 데로부터 올라와서** 땅과 바다를 해롭게 할 권세를 받은 네 천사를 향하여 큰 소리로 외쳐 이르되, **우리가 우리 하나님의 종들의 이마에 인치기까지 땅이나 바다나 나무들을 해하지 말라** 하더라(계7:2-3).

② 섬들아 내 앞에 잠잠하라 민족들아 힘을 새롭게 하라 가까이 나아오라 그리고 말하라 우리가 서로 재판 자리에 가까이 나아가자 (사4:1).

③ 여자가 아들을 낳으니 **이는 장차 철장으로 만국을 다스릴 남자라 그 아이를 하나님 앞과 그 보좌 앞으로 올려가더라**, 그 여자가 광야로 도망하매 거기서 천이백육십 일 동안 그를 양육하기 위하여 하나님께서 예비하신 곳이 있더라(계12:5-6).

④ **내가 북편 군대를 너희에게서 멀리 떠나게 하여 메마르고 적막한 땅으로 쫓아내리니 그 전군은 동해로 그 후군은 서해로 들어갈 것이라,** 상한 냄새가 일어나고 악취가 오르리니 이는 큰 일을 행하였음이니라 하시리라 땅이여 두려워 말고 기뻐하며 즐거워할찌어다 여호와께서 큰일을 행하셨음이로다(욜2:20-21).

(답6). 한반도 통일전쟁 전후의 성령역사

무모하게 들리겠지만, 인간은 하나님께서 태양계(첫째하늘세계)를 창조하시기 전에, **셋째하늘에서 영으로 먼저 창조된 하나님의 아들이기 때문에**(잠8:23-25, 렘1:5, 욥38:7, 느9:6) **하나님의 필요가 따르게 되면, 성령의 능력에 의해서** ①사자와 싸워 이기기도 하고(삼상17:35), ②하늘에서 불을 내리기도 하고(왕상18:36-39, 왕하1:12), ③바다를 가르고(출14:21-27), ④지구의 자전을 멈추게도 하고(여10:12-3), ⑤독극물에도 해를 입지도 않고(행28:2-6), ⑥**옥문을 터지게도 하고**(행12:3-10), ⑦**다른 사람의 마음을 읽기도 하고**(왕하6:12), ⑧**죽은 자를 살리기도 하고**(왕하4:32-37), ⑨**축지를 행하는 등**(행8:39) **신만이 할 수 있는 일을 인간 또한 할 수 있다고 성경은 밝혀주고 있다.**

성경은 또 인간이 어디서 왔다가 어디로 가는가? 예수 그리스도가 왜 십자가에서 피 흘리지 않으면 안 되는가? 등의 인간의 흥망성쇠와 인간의 진정한 삶의 길을(요8:32, 14:6) 밝혀주고 있을 뿐만 아니라, ①**만류인력은 물론**(욥26:7), ②**지구 외 외계에 물이 존재하는 사실과** (시33:7, 욥38:22), ③**광선**(번개)**의 무기인 핵무기의 출현과**(겔21:10, 나2:4), ④**짐승국가의 출현과**(계13:1-5), ⑤**인조**(로봇) **인간의 출현과** (계13:15), ⑥**앞으로 불타는 지구와**(벧후3:7), ⑦**핵전쟁의 장소와 시기** (계9:14-16, 겔38:3-16) **등에 대해서도 명확히 밝혀주고 있다.**

구약 시대는 물론 초대교회까지 있었던 이러한 하나님의 표적은 오늘날은 찾아 볼 수 없거니와 능력의 종들 또한 찾아볼 수가 없다.

그러나 하나님의 작정에 따라 그 때가 되었기에 이사야·요엘·나훔·**다니엘·에스겔·스가랴·요한 등이 예언을 하고 있는 일들이 이제 곧 시작된다는 사실을, 인류사의 흐름과·현대 과학의 발전과·우주 자연의 변이와·세계사의 흐름 등을 살펴보면 알 수 있게 되는 것이다.**

즉, 하나님께서는 미래사역을 그 종 선지자에게 보이지 않고는 결코 행하시지 않기 때문에(암3:7), **①약 4000년 전 지구촌의 대홍수는 노아에게 · ②소돔성의 불심함과 이스라엘 백성의 430년 애굽의 종살이는 믿음의 조상 아브라함에게 · ③**이스라엘 민족의 바벨론 나라의 포로생활은 선지자 이사야와(사39:6) 예레미야에게 · **④**한반도의 6.25 전쟁은 이성봉 목사와 박재봉 목사에게 미리 알려 주셨다.

결론적으로 한반도는 인류구원의 전초기지를 삼기 위해 하나님께서 만세 전에 특별히 작정하신 땅이기 때문에, **한반도에서 통일전쟁 직전에 모세와 엘리아 같은 큰 능력의 종을 보내어 다시 한 번 오순절 성령 강림과 같은 성령의 대 사역을 일으키시게 된다고 성경은 명확히 예언을 해주고 있다**(슥13:7-9, 욜2:20-22, 28-32. 계7:2-3, 11:1-6).

그러나 2천 년 전에 예수님께서 이 땅에 오신 사실을 양치는 목동들과 · 동방박사들과 · 이스라엘의 지도자들도 알았듯(마2:1-10), **오늘날 많은 예언가들이 먼저 알고서 이러한 한반도 대 사역을 예언하고 있으나 ①정작 한국의 기독교 지도자들은 이를 알지 못함으로써 벙어리 개가 되어 ②파수꾼의 나팔을 불지 않고 있어 심히 안타까운 일이 아닐 수 없다**(암6:1-7, 겔34:3-14, 사56:10).

① 또 보매 다른 천사가 살아계신 하나님의 인을 가지고 **해 돋는 데로부터 올라와서** 땅과 바다를 해롭게 할 권세를 얻은 네 천사를 향하여 큰 소리로 외쳐 가로되, 우리가 우리 **하나님의 종들의 이마에 인치기까지 땅이나 바다나 나무나 해하지 말라 하더라**(계7:2).
② 그 후에 내가 내 신을 만민에게 부어 주리니 너희 자녀들이 장래 일을 말할 것이며, 너희 늙은이는 꿈을 꾸며 너희 젊은이는 이상을 볼 것이며, **그 때에 내가 또 내 신으로 남종과 여종에게 부어 줄 것이며**(욜2:28-29).

●논제(17). 한국의 차기 지도자와 개선해야할 적폐현상

(답1). 차기는 덕치를 하는 종교인 지도자가 당선된다.

우리가 성경을 토대로 과학적, 역사적, 종교적으로 인류의 과거사를 되돌아보면 현재의 **인류는 시생대·고생대·신생대·제 4 간빙기를 거쳐서, 3차원 세계와 4차원세계의 중간인 인권통치와 신권통치의 융합 통치시대를 살아가고 있다는 사실을 깨달을 수가 있다.**

그러므로 우리는 하나님의 창조 법칙인 음양오행과 상생상극 법칙에 따라 토기시대에서 출발해 목기시대, 금기시대, 화기시대를 거쳐 현재 수기시대를 살아가고 있다는 사실을 반드시 깨달아야만 한다.

즉, 이러한 하나님의 작정과 창조의 법칙과 따라 앞으로 지구촌은 수년 동안은 평화가 유지되겠지만, 또 한동안 대형 재앙과 큰 전쟁도 반듯이 있게 되어 이 지구가 변화된 새로운 지구가 만들어져 인류가 1000년을 살게 된다고 성경은 예언을 해주고 있다(계20:2-7).

그런데 한국의 선지자로 볼 수도 있는 정도전, 남사고, 이서구 등의 알서 간 현자들은, 하나님께서 만세 전에 작정해 놓은 이러한 창조의 원리를 깨닫고 정감록, 격암유록, 이서구비결 등의 예언서를 남겼다.

따라서 지구촌 동북에 있는 한반도는 다가올 토기시대와 4차원시대를 대비하기 위해 덕치를 하는데 모자람이 없는 지도자를 하나님께서 어디선가(나는 북한으로 본다) **양성하고 있을 것으로 보인다.**

그리고 성경을 토대로 앞으로의 한반도 미래사를 예견해보면 문재인 대통령 이후의 차기 지도자는 1-2년 과도정부를 거쳐, **중국의 '요'인금 이나 '순'임금처럼 덕으로 가득 찬 사람이거나 신력을 가진 사람이 나타나서**(여자일 가능성이 큼) **중국의 '등소평'이나 미얀마의 '아웅산 수지' 여사처럼 대리청정을 하게 될 것으로 보인다.**

(답2). 앞으로 반드시 개선해야 할 적폐현상

현재 문재인 정부가 펼치고 있는 평화정책이 현재로서는 옳은 정책인 것이 사실이다. 그러나 그동안 한국의 정치사가 정보력에 의한 가진 자들의 억압과 술책의 정치였다는 사실에 너무 집착해서 조금 사회주의 정책으로 편향된 정책을 펼치고 있어 안타깝기 그지없다.

즉, 사업이 망하면 온 가족이 파멸할 수밖에 없다는 절박함 속에서 사력을 다하는 기업 경영자들의 머릿속에서 흘리는 땀보다, 다수자가 피부로 흘리는 땀을 더 중시하는 정책을 펼치고 있는 것이다.

이는 자본주의의 틀을 뒤흔드는 일일 뿐만 아니라, 경영자의 머릿속의 땀을 홀대하고 마르크스 레닌의 이론을 따르는 정책이다. 따라서 이는 이 세상에서는 맞지 않는 정책일 뿐만 아니라, 다른 사람들보다 잘살고 싶어 하는 인간의 본성에 역행하여 결코 성공할 수 없는 정책인 것이다.

현재 정부의 각종 정책을 살펴보면 현실을 제대로 파악하지 못하고서 일보다는 즐기는 데 더 비중을 두어 힘든 일은 외국인들이 하게 하여, 힘들게 벌어드린 외화를 다른 나라에 퍼주고 있는 실정이다.

그리고 보수 야당들도 과거 정치행태를 벗어나지 못하고 기존 여당을 깎아내려 국민들의 표심을 얻고자 하고서, **더 낳은 정책개발로 승부를 하려 하지 않고 정쟁에만 몰두하고 있다. 이는 대다수 국민의 민심과 의식수준을 읽지 못하고 있는 안타까운 일이 아닐 수 없다.**

예를 들어 현재 정부가 시행을 하고 있는 각종 정책의 적폐현상을 자세히 살펴보면 **①산업인력공단에서 시행하는 미용기능사 시험을 30년 전에 헤어스타일과 기술로 응시하게 하고 있다.** 따라서 많은 사람들이 시험용 기술을 위한 공부와 기술을 열심히 익혀 면허를 취득한 뒤에, **또 다시 1-2년간을 현실에 맞는 기술과 스타일을 익혀 취업을 하고 있는 것이다. 이 얼마나 모순된 적폐현상인가?**

②그리고 중소벤처기업부에서는 연간 약 2천 6백억 원의 경영컨설팅 비용을 지원하고 있는데 이 또한 한심하기 그지없다. 즉, 보증기관에서 보증을 받을 수 있게 미약한 부분을 지도해, 자금을 지원받게 하는 성과에 따라 자금을 지원하지 않고서, 서류상 '경영진단서'를 만들어 주는 일에 지원을 하여 대부분의 중소기업들은 이를 기피하고 있다. 이는 의사가 환자에게 수술을 하거나 치료는 해주지는 않고서 병명만 진단해주는 일 즉, 진단서만 발급해주는 일과 같은 일에 경영컨설팅 비용을 지급함으로써 많은 국가 예산을 낭비하는 모순을 저지르고 있는 것이다. 이 또한 얼마나 한심한 적폐현상인가?

그러나 ㉮당사자의 기존 대출이나 세금 연체여부, ㉯기존 보증여부와 채무여부, ㉰재산의 압류여부, ㉱매출의 증감여부, ㉲결산 시에 세금을 적게 내기 위해 소득을 줄여 신고했나? 여부를 면밀히 따져서, 시간이 좀 더 걸리더라도 압류와 연체통장을 해지하고 결산기간을 따져 기업의 재무제표 상에 이익이 나도록 제대로 신고를 하게 지도한 후에 보증상담을 받게 하면 보증을 받을 수 있게 된다.

③판로문제도 그렇다. 컨설팅기관이 기술개발의 지도는 물론 시장과 소비단체 등을 찾아다니면서 직거래를 연결해 주는 등으로, 업체의 매출이 늘어나도록 판로를 지원한 실적에 따라 컨설팅비용을 지불해야 한다. 이렇게 하지 않으면 지원하지 말아야 한다.

④한편 일자리 문제는 가칭 "중력일자리지원에관한법률' 같은 법을 만들어 식당·호텔의 잡일·청소·택배·건설현장의 노역·중장비제조·보육 등의 중한 노동의 일을 하는 근로자는, 사무실 에어컨 앞에서 일하는 직종보다 보수 등이 더 많게 특혜를 주는 시책을 펼쳐야 한다.

즉, 기피업종인 이러한 일을 국민들이 마다하지 않도록 이러한 곳에 취업을 하게 하는데 예산을 집중 지원한다면, 오늘날의 실업문제는 간단히 해결될 수 있고, 외화반출도 막을 수 있게 된다.

한편 오늘날 대부분 한국 사람들은 북미 간 대화가 잘 진행되어 한반도 평화통일이 올 것으로 알고 있지만 이는 어디까지나 착각에 지나지 않는다. **하나님은 선과 악을 공존시킬 수 없기 때문에, 이를 분리하기 위한 환난과 심판을 성경은 여러 곳에서 명확히 예언을 해주고 있다.**

또한 오늘날 한국의 정치 현실을 유심히 살펴보면 여야 각 정당들이 더 좋은 정책으로 나라를 부강하게 만들려고 하지는 않고서, 서로 물고 뜯으며 법적, 제도적, 관례적으로 관료들을 위해서 만들어진 각종 사회 적폐현상을 바로잡지 않고 있어 심히 안타까운 일이 아닐 수 없다. **예를 들면 각종 형사법과 형사소송법의 모순을 개선하지 않아 한국은 교도소가 전 세계에서 가장 많지만 시설이 모자라 콩나물시루처럼 수용을 할 수 밖에 없는데, 이는 우리민족 스스로 세계에서 가장 큰 범죄 유전자를 갖고 있다는 것을 자처하는 현상인 것이다.**

또 사기죄를 살펴보면 큰돈을 투자해 사업을 같이 추진하다가 망해서 투자자가 투자를 요청한 자를 사기죄로 고소하면 사기죄가 성립된다. **그러나 이는 투자자가 사업이 성공했을 때 이익을 그 만큼 많이 가져갈 것을 감안해서 투자를 한 것이기 때문에, 주식투자를 했다가 손해를 본 것과 같은 견지에서 입건 여부를 신중히 하는 법적 조항을 신설할** 필요가 있다. 투자를 계획적으로 받아서 편취한 것이 아니라면 말이다. **그리고 박근혜 전 대통령도 그렇다. 뇌물을 받아 재산을 증식해놓은 것을 입증하지 못하면 처벌하지 못하게 하는 조항을 신설해야만 한다. 박근혜 전 대통령이 죄가 되는지 범의를 갖고 받았느냐? 여부는 신만이 알 수가 있다. 또 설사 받았다고 해도 그 돈이 보좌진의 복리증진에 쓰여졌다면 처벌하지 말아야 하는 것이다.**

팔이 안으로 굽는 것은 천륜이다. 따라서 범죄자 가족을 수사관서에 신고 안 해도 처벌하지 말고, 자식이나 친한 친구가 잘못을 했을 때 형의 감면을 위한 약간의 도움을 주는 것 또한 처벌하지 말아야 한다.

즉, 물이 너무 맑은 증류수에는 고기가 살 수가 없다. 따라서 자신은 깨끗한 냥 하는 사람들도 털면 먼지가 날 수 밖에 없다. 그런데도 문재인 정부는 한국 사회를 온통 증류수 세상으로 만들려 하고 있다.

이는 선과 악이 공존하는 인간 세상에서는 불가능한 일인 것을 깨달아야만 한다. 즉, 심판자인 하나님의 영역에 맡겨야만 하는 것이다.

그런데 나는 여기서 명확히 예언을 하고자 한다. 즉, 한반도 통일전쟁은 하나님의 작정에 따라 필연적일 수밖에 없는데, 이를 모르는 문재인 대통령은 북한정권과 평화정책을 중점 추진하고 있다.

그러나 2023년경 성경의 예언대로 북한의 침범으로 전쟁이 발발하면 문재인 대통령도 외란을 불러온 죄로 법정에 설 수도 있다. 따라서 자신을 죽이려한 전두환 전 대통령을 사면한 김대중 대통령처럼 박근혜 전 대통령을 일반사면을 통해서라도 사면해야 한다. 그래야 국민통합을 기할 수 있고 자신도 억울한 수용생활을 면할 수 있게 된다.

그리고 현재 보수 야당인 "자유한국당"은 앞을 조금만 내다보면 얼마든지 쉽게 집권을 할 수 있는데도 불구하고, 이를 알지 못해 잘못된 길을 쫓아 권력을 쟁취하려 하고 있어 안타깝기 그지없다.

지금이라도 영적인 눈을 뜨고 방향을 전환하여 "국민여러분 ①과거의 보수 여당이었던 저희들이 힘으로 강압정치를 하여 많은 국민들에게 눈물을 흘리게 했던 것을 인정하고 진심으로 사죄를 드립니다.

②그러나 성경과 한반도의 선지자인 이서구 선생, 남사고 선생, 정도전 선생 등의 예언에 따르면 한반도는 전쟁에 의해서 북진통일 됩니다. ③북한의 김정은 정권은 절대로 핵을 포기하지 않을 뿐 아니라. 현재 평화 제스처는 속임수에 불과합니다. ④따라서 6.25 전쟁에서 희생한 보훈단체는 물론 우리나라를 선진국 반열에 올려놓은 보수당인 저희 자유한국당을 지원해야 진정한 한반도 평화를 기할 수 있습니다." 하는 정책으로 전환하면 차기 집권을 물론 다수당이 될 수가 있다.

● 논제(18). 성경에서 예언한 제3차 대전과 종말의 시작

(답1). 에스겔, 다니엘, 요한이 예언한 제3차 세계대전

성경 에스겔서 21장 9-14절·다니엘서 2장 40절과 7장 24절과 11장 40-45절·계시록 9장 13-18절과 17장 10-13절에서 나오는 예언의 말씀들을 자세히 살펴보면, 이는 세계 제3차 대전과, 마지막 환난과, 심판에 대해서 밝혀주고 있는 말씀이라는 사실을 알 수가 있다.

즉, 이러한 말씀들은 바다(공산주의)에서 나오는 짐승인 러시아와 중국은 물론 땅(자본주의)에서 나오는 짐승국가인 로마 가톨릭(무슬림 포함)과 유럽연합에 의해서 자행되는 "후삼년 반의 환난"에 대한 말씀이 라는 사실을 나는 명확히 깨달았다(욥4:15 단7:16, 고전2:10).

성경 요한 계시록 9장 13-18절을 보면 "여섯째 천사가 나팔을 불매 내가 들으니 하나님 앞 금단 네 뿔에서 한 음성이 나서 나팔 가진 여섯째 천사에게 말하기를 큰 강 유브라데에 결박한 네 천사를 놓아 주라 하매 네 천사가 놓였으니 그들은 년 월 일 시에 사람 삼분의 일을 죽이기로 예비한자들이더라 마병대의 수는 이만만이니" 라고 예언을 해주고 있다. 따라서 이억 명의 군인을 보유한 나라가 어느 나라인지를 살펴보면 알 수 있도록 계시를 해주고 있다.

이는 용이 그들의 상징물이며 국기와 군복이 붉은 색인 바다에서 나오는 짐승국가인 중국과(계9:14-16, 16:12, 17:12, 나2:4-7) 러시아가(계13:3, 17:7-13, 겔38:3-16), 한반도 통일전쟁에 개입을 주저하 다가 미국의 개입으로 북진통일 되자(계12:13-17, 슥6:6-8, 욜2:20), 분노해 돌아가서 유프라테스 강가(중동)에 진지를 구축하고 제 3차 세계 대전을 일으키고 승리함으로써, 전 세계가 이들의 압제 하에 들어가 게 된다는 예언의 말씀인 것이다(겔21:14-15, 단11:44, 계9:14-17).

인류사를 살펴보면 전쟁은 국가 간의 이해관계와 이데올로기의 충돌에 의해 전개되어 왔다. **따라서 앞으로 세계 초강대국인 중국에서 로마의 네로황제나 독일의 히틀러처럼 정신이상에 사로잡힌 지도자가 나타나 '곡'으로 일컬어지는 러시아와 손을 잡고, 제 3차 세계대전을 일으키게 될 것으로 보인다**(겔38:3-16, 단11:40-43, 계9:14-16).

그러나 오늘날 한반도의 기독교 지도자들은 이러한 임박한 환난의 때(연도)를 알지 못하고서, ①어떻게 하면 이 세상에서 신앙생활을 잘하여 복을 받느냐? ②어떻게 하면 자녀들의 백년대계를 기하게 할 수 있느냐? 주도적으로 외치고 있어 안타깝기 그지없다(암6:3-6). **성경 요한 계시록 17장 7-13절 내용을 자세히 살펴보면 하나님을 배역하고 우상 숭배와 음녀행위를 했던 나라들과, 앞으로 미운물건인 우상을 만들어 섬기게 할 대표적인 나라들에 대해서 밝혀주고 있다.** 즉, **①일곱 머리에 하나인** 짐승이면서 여덟째로 다시 나오는 왕은 러시아를 말하고 있고(17:8, 11), **②아직 이르지 않은 나라는 공산주의 두 기둥인 중국을 말하는 것임을 알 수가 있다**(계16:12, 17:12).

① 내가 보매 또 다른 짐승이 땅에서 올라오니 새끼양 같이 두 뿔이 있고 용처럼 말하더라(중략) **곧 죽게 되었던 상처가 나은 자라,** 큰 이적을 행하되 심지어 사람들 앞에서 불이 하늘로부터 땅에 내려오게 하고(중략) 저가 권세를 받아, 그 짐승의 우상에게 생기를 주어 그 짐승의 우상으로 말하게 하고, 또 짐승의 우상에게 경배하지 아니하는 자는 몇이든지 다 죽이게 하더라(13:11-15).

② 전에 있었다가 시방 없어진 짐승은 **여덟째 왕이니 일곱 중에 속한 자라** 저가 멸망으로 들어가리라 네가 보던 열 뿔은 열 왕이니 아직 **나라를 얻지 못하였으나**(계17:11-12).

(답2). 번개 같은 무기(光線)인 핵무기에 의한 인류의 환난

인류의 마지막 전쟁 때에 사용된다고 예언을 하고 있는 **번개 같은 무기는 번개처럼 빠른 무기라는 뜻이기도 하지만**(나2:4, 겔21:10), **그 실상을 살펴보면 핵무기라는 사실을 우리는 깨달을 수가 있다.**

즉, ①번개는 구름과 구름 및 대기의 충돌에 의한 원자핵(음양전하)의 방전으로 만들어져 10㎞ 이내의 생명체의 혈루를 파손시켜 죽게 하듯, ②수소폭탄 역시 원자핵 융합의 의해 사방 100㎞이내에 있는 20m 콘크리트의 밀실까지 침투시켜 생명체를 죽게 한다(겔21:14).

따라서 번개와 수소폭탄은 원자핵의 충돌이나 융합에 의하여 일어나게 된다는 사실에서 이는 같은 현상이라는 사실을 깨달을 수가 있다.

그리고 번개 같은 무기는(겔21:10-14, 나2:4) ①폭발로 인한 연무가 해와 달의 빛을 가려서 암흑천지를 만들고(합3:11), ②한 시간 내에 지구촌을 불태울 정도로 거대한 핵폭발을 일으켜(벧후3:7, 계9:15), ③지구촌의 사업가들이 자신들의 재물이 불타는 장면과 광채를 보고서 애통해한다고 예언해주고 있다(계18:9, 18).

따라서 이러한 말씀 또한 번개 같은 무기는 핵무기란 사실을 성경이 재차 명확히 확인시켜 주고 있는 것이다(겔21:10, 나2:4).

한편 성경은 앞으로 로스(러시아)·바사(이란)·구스(에티오피아)·붓(리비아)·고멜(발칸국)·도갈마(터키) 등의 나라들이 동맹을 하여 이스라엘을 침범하는데(겔38:4-16, 단11:40-43), **이 때 동방에 있는 나라(중국)가 2억 명의 군인을 이끌고 유프라테스 강가로 쳐들어가 번개 같은 무기인 핵무기를 사용해 지구촌의 사람 1/3을 죽게 한다고 예언을 하고 있다**(겔38:3-16, 계9:14-16, 16:12, 단11:40-44).

이는 인조인간이 만들지는 과정과, 종이화폐가 필요 없게 되는 바코드 소스의 대두시기 등을 살펴보면 그 시기를 알 수 있게 될 것이다.

성경은 또 앞으로 인간이 복제인간이나 생기가 들어간 로봇신상을 만든다고 예언하고 있는데(계13:15) 이를 방치하면 하나님의 작정인 창조의 법칙이 깨어지게 된다. **따라서 하나님께서는 노아 때 3차원 체와 4차원 체가 결합해서 탄생한 네피림을 홍수로 멸했었던 것처럼**(창 6:2-5) **또 다시 이 세상을 불로 멸할 수밖에 없게 된다**(벤후3:7).

그런데 오늘날 많은 기독교 지도자들이 성경 겔21:14-25과, 나2:4과, 슥6:1-8, 욜2:20의 말씀을 앗수르와 바벨론의 이스라엘 침공으로 보고 있지만, ①이들의 **군복과 방패**(국기)가 **붉고**(나2:2; 홍의병), ②**20m 콘크리트 밀실도 침범하는 광선의 무기인 핵무기를 사용하는**(겔21:14 -25, 계18:8-10), ③**지구촌의 마지막 전쟁이라는 사실을 살펴보면**(욜 2:2, 30-31) **이는 명백히 틀린 해석이라는 사실을 알 수가 있다.**

즉, 이는(계9:13-19, 겔21:25, 욜2:1-10) "지금까지도 없었고 후에도 없는 참혹한 전쟁일 뿐 아니라(욜2:2), 이후 즉시 해와 달과 별이 빛을 **잃고 피와 불과 연기 기둥의 기적**(모세와 엘리아)**이 일어나게 된다고** 하고 있어(욜2:30), **전후 사건의 전개 내용을 살펴보면 삼년 반을 주기로 연이어 일어나는 마지막 전쟁인 사실을 깨달을 수 있게 하고 있다.**

그리고 사도 베드로가 인용한(행2:14-21) 요엘 2장 28-31절의 말씀 또한 오순절 당시는 물론 오늘날도 성취되고 있을 뿐만 아니라, **온전한 성취는 해와 달이 피같이 변하게 되는 이 세상 끝 날에 성취된다는 사실을 성경은 명확히 밝혀주고 있다**(전3:15, 계11:6).

① 그러므로 인자야 너는 예언하며 손뼉을 쳐서 **칼로 세 번 거듭 씌우게 하라**(3차의 세계대전) 이 칼은 중상케 하는 칼이라 **밀실**(20m 이상의 두께)**에 들어가서 대인을 중상케 하는 칼이로다**(겔21:14).

② 그의 용사들의 방패는 붉고 그의 무사들의 옷도 붉으며(중략) 그 병거는(중략) 그 모양이 **횃불 같고 빠르기 번개 같도다**(나2:3-4).

(답3). 중국의 지원으로 확대되는 제3차 세계대전

다니엘과 같은 시대에 하나님이 세운 에스겔이라는 또 한 사람의 위대한 예언자가 있었는데, 그 또한 '끝날'에 관한 예언을 하고 있다.

즉, "곡아 끝 날에 내가 너를 이끌어다가 내 땅을 치게 하리니 이는 내가 너로 말미암아 이방 사람의 목전에서 내 거룩함을 나타내어 그들로 다 나를 알게 하려 함이니라(겔38:16)" 라고 예언을 하고 있다.

여기서 '너'라고 하는 '곡'이라고 일컬어지는 민족은 첫 번째 하나님의 백성인 이스라엘 민족이 평안히 살고 있을 때에 이스라엘을 침공해온다 예언을 하고 있다는 사실에 우리는 주목을 해야만 한다.

그 시기는 열국에서부터 모여 들어오며 이방에서부터 나와 다 평안히 거하는 중이라고 하고 있어(겔38:14) 이는 이스라엘이 부흥하고 평안히 살고 있을 때, 즉 '중동평화조약'이 체결된 후 얼마 지나지 않아 일어나게 될 것이라는 사실을 오늘날 우리들에게 밝혀주고 있는 것이다.

다시 말하면 에스겔 38장의 예언은 곡과 그가 이끄는 군세에 대한 고대사회의 민족적 배경을 밝혀주고 있어 현대 사람들이 이 민족 집단을 알 수 있도록 예언해주고 있다. 즉, 곡은 대수장과 마곡으로 불리어지는 민족인데 메섹과 도발이라는 고대민족을 이끌고 있다.

대수장의 원어인 로시(Rosh)는 메섹과 도발지역의 세력을 말하는 것일 뿐 아니라, 도발은 도보로스크(러시아 최대 주)의 어원이고, 메섹은 모스크바의 어원으로 오늘날 러시아 국가를 구성하고 있는 민족들인 사실을 역사적 기록을 통해서 우리는 알 수가 있다.

역사가 요세푸스는 마곡의 자손은 흑해와 카스피해 북쪽에 정착한 종족으로써, 오늘날 러시아 지역에 정착한 민족으로써 마곡의 후예인 '스키타이인'이라고 밝혀주고 있다. 또한 바사(페르시아)는 이란, 파키스탄 일부, 시리아, 요르단, 아프가니스탄을 나타내고 있다.

그리고 구스, 붓, 고멜, 도갈마가 나오는데 구스는 에티오피아, 붓은 리비아, 고멜은 독일, 도갈마는 아르메니아와 터키를 가리키고 있다. **따라서 에스겔 38장은 오늘날 러시아와 주변 무슬림 나라들의 동향을 표현하고 있는 매우 중요한 국제적 보고서라고 할 수가 있다.**

따라서 전 세계가 글로벌화 되어서 하나의 관리체제로 되는 시쯤에 이러한 북방세력이 군사동맹을 하고 이스라엘을 침범하지만, 이 전쟁은 러시아와 동맹국의 대패로 끝나게 된다. 그러나 일종의 종교전쟁인 이 전쟁은 하나님의 작정에 따라 중국이 다시 개입하게 됨으로써, 계시록 9장 13-16절에서 나오는 세계 제3차 대전으로 비화되게 된다.

성경은 인류가 최종 국면에 이르면 아시아에서 아주 강대한 세력이 탄생하게 된다고 하고 있다. 즉, **"여섯째 천사가 그 대접을 큰 강 유프라테스에 쏟으니(계9:13-17) 강물이 말라서 동방에서 오는 왕들의 길이 예비되더라(계16:12)"** 하고서 예언을 해주고 있다.

즉, 이는 동방의 왕들이 유프라테스 강을 건너서 이스라엘로 침공해 들어온다고 밝혀주고 있는 말씀일 뿐 아니라, **여기서 '왕들'이라 한 것으로 보아 복수의 연합군을 말하는 것이며, 이스라엘에서 보면 해 돋는 곳은 동양에 있는 나라들을 말하는 것임을 분명히 알 수가 있다.**

사람 삼분의 일을 죽이기 위해 풀어놓았다고 한 이들은 무서운 살상 무기를 보유한 나라라는 것을 알 수 있는데(계9:14-16), 현재 아시아에서 세계 초강대국으로 핵을 보유하고 있는 나라는 중국이다.

놀라운 것은 미국의 <타임>지가 중국정부의 발표를 인용해 "현재 중국에서 군사훈련을 받고 있는 사람들(예비군)이 2억 명이며 이는 언제라도 동원할 수 있다"고 보도하고 있다는 사실이다.

이러한 사실들은 성경 요한 계시록 9장 16-18절의 내용을 그대로 입증하고 있을 뿐만 아니라, 하나님의 마지막 심판이 곧 눈앞에 와있다는 사실을 오늘날 우리들에게 알려주고 있는 말씀이다.

나는 이 책을 쓰면서 하나님의 예언의 말씀은 일점일획도 변하지 않고 예언한 그대로 정확히 성취되었을 뿐만 아니라, 지금 **현재는 물론 앞으로도 성경에서 예언하고 있는 그 대로 모든 일들이 성취되어 갈 수 밖에 없다는 사실에 놀라움과 두려움을 금할 수가 없었다.**

따라서 하나님을 믿는 우리들은 진정 하늘나라만 바라보고 근신하며 기도할 때일 뿐만 아니라, 설사 사람들로부터 이단취급을 받는다고 해도 **세례 요한처럼 "회개하라 천국이 가까이 왔느니라(마3:2)." 하고 담대히 외쳐야만 할 때라는 사실을 마음 깊이 깨우쳐야만 한다.**

현재 나는 하나님과 사람들 앞에서 심히 부끄러운 사람이긴 하지만, 하나님께서 이 부족한 사람에게 마지막 대 사역을 알려주셨다. **따라서 "임금님의 귀는 당나귀 귀"라고 외쳤다는 이야기의 주인공처럼 이를 선포하지 않고는 견딜 수가 없어, 오늘날의 지도자들을 향하여 회개하고 파수꾼의 사명을 다하라고 외치고 있는 것이다.**

① 네 천사가 놓였으니 그들은 그 년 월 일 시에 이르러 사람 삼분의 일을 죽이기로 예비한 자들이더라 마병대의 수는 이만만이니 내가 그들의 수를 들었노라, 이같이 이상한 가운데 그 말들과 그 탄 자들을 보니 불빛과 자주빛과 유황빛 흉갑이 있고, 또 말들의 머리는 사자 머리 같고 그 입에서는 불과 연기와 유황이 나오더라(계9:14-17).
② 또 여섯째가 그 대접을 큰 강 유브라데에 쏟으매 강물이 말라서 동방에서 오는 왕들의 길이 예비되더라, 또 내가 보매 개구리 같은 세 더러운 영이 용의 입과 짐승의 입과 거짓 선지자의 입에서 나오니 저희는 귀신의 영이라 이적을 행하여(중략), 하나님 곧 전능하신이의 큰 날에 전쟁을 위하여 그들을 모으더라 보라 내가 도적 같이 오리니 누구든지 깨어 자기 옷을 지켜 벌거벗고 다니지 아니하며 자기의 부끄러움을 보이지 아니하는 자가 복이 있도다(계16:12-15).

● 논제(19). 예수 그리스도의 공중휴거의 때는 언제인가?

한 때 이 장림 목사란 자가 공중 휴거를 들고 나와서 많은 기독교인들을 실족하게 하더니, 미국의 '패밀리 라디오' 설립자 헤럴드 캠핑이란 자도 2013년 5월 22일 지구의 종말이 온다고 주장하기도 했었다.

거짓 선지자들의 이러한 허위 주장 때문에 오늘날 많은 기독신자들이 혼돈해 하며 미혹되고 있지만, 아직까지 예수님의 재림과 휴거의 시기를 명확히 밝혀주는 기독교 지도자는 나타나지 않고 있다.

성도의 공중휴거는 첫째부활을 말씀하는 것인데, 이는 ①멸망의 가증한 물건이 거룩한 곳에 서게 되고(마24:29-31), ②해와 달이 빛을 잃고, ③별들이 하늘에서 우수수 떨어지는 현상 뒤에 있게 된다고 성경은 명확하게 밝혀주고 있다(마25:15-30, 살전4:15-17, 계20:4).

즉, "그 날 환난 후에 즉시 해가 어두워지며 달이 빛을 내지 아니하며 별들이 하늘에서 떨어지며 하늘의 권능들이 흔들리리라(중략) 저가 큰 나팔소리와 함께 천사들을 보내리니 저희가 그 택하신 자들을 하늘 이 끝에서 저 끝까지 사방에서 모으리라(마24:31-32)" 하고 있어, "그날 환난 후"라고 분명하게 밝혀주고 있는 것이다.

그러나 이는 sostv기독교방송 손계문 목사의 성경의 예언들 제4회 내용처럼 지구촌의 어느 한 곳에 일시 날이 어두워지는 현상을 말하는 것이 아니고, 모든 사람들이 보게 되는 현상을 말하는 것이다.

한편 성경은 또 휴거를 받고 '천년세계'에 참여하는 사람들은 바다에서 나오는 짐승국가가 미운물건을 만들어 손이나 이마에 이 짐승의 표를 강제로 받게 하는 일을(계13:2-16) 겪은 자들이라고 분명히 밝혀주고 있어(계20:4-6), 이는 적그리스도가 나타나서 모든 사람들에게 짐승의 표를 강제로 받게 하는 '후삼년 반 환난' 시작 후에 있다는 사실을 성경이 재차 적시하여 밝혀주고 있는 것이다.

그리고 이러한 환난에서도 끝까지 견디는 자가 구원을 받고(마24:12, 계13:10) **택하신 자들을 위해 그날을 감한다고 하고 있어**(마24:22), **이는 '후삼년 반 환난' 시작 후에 있음을 제삼 확인시켜 주고 있다.**

성경이 이처럼 명확하게 밝혀주고 있음에도 불구하고, 오늘날 기독교 지도자들은 휴거를 들고 나오는 이단자들을 향하여 막연히 이단이라고만 할 뿐, **왜 이단인가? 성경말씀으로 명확히 반증하여 주는 지도자들이 나타나지 않고 있어 많은 기독교 신자들이 실족하고 말았다.**

즉, 성경은 영적으로 눈과 귀가 어두워 이처럼 죽어가고 있는 신도들을 외면하고 있는 지도자들에게 화가 있다고 말씀하고 있다(겔34:2-6). **이는 오늘날 기독교 지도자들이 신학에는 박식할지 몰라도 성경에는 무지한 점이 있다는 사실을 나타내주는 증거라고도 할 수도 있다.**

그러나 하나님께서는 한 생명이라도 귀히 여기어(마18:14) 모든 사람들이 진리를 알고 구원받기 원하시기 때문에(딤전2:4), 심판을 하실 때는 당신의 종들을 통해서 먼저 경고하고 나서 행하신다(암3:7). **따라서 지구촌의 대 홍수는 노아에게, 소돔성은 아브라함에게, 한국의 6.25전쟁은 이성봉 목사와 박재봉 목사에게 먼저 알려 주셨다.**

때문에 앞으로도 마지막 환난과 심판 역시, 반드시 모세나 엘리야와 같은 큰 능력의 종을 보내어 온 세상에 예고하신 후에 실행하시게 된다는 사실을 성경은 명확히 밝혀주고 있는 것이다(계11:3-6). **하지만 아직은 해와 달이 정상적으로 비취고 있고, 별들도 지구로 떨어지지 않고 있으며, 바다에서 나온 짐승국가가 사람들의 이마와 손에 짐승의 표를 받도록 강제하는 일이 나타나지 않고 있다.**

성경은 오늘날 기독교 지도자들이 성경을 바로 알고서 이처럼 혼돈하고 있는 신자들에게 심판의 시간표를 명확히 알려 줄 파수꾼의 사명이 있을 뿐만 아니라, **현실에 도취되어 이를 외면하고 있는 지도자들에게 화가 있다고 명확히 경고를 하고 있다**(겔34:2-6).

그런데도 오늘날 기독교 지도자들은 세계 평화가 지금처럼 계속해 유지되는 것으로만 알고 또 바라면서, 어떻게 하면 이 세상에서 잘 믿어 복을 받는 것이냐에? **대해서만 주도적으로 외치고 있을 뿐, 앞으로 닥쳐올 환난 날에 대한 외침과 깨우침은 없어서 안타까운 일이다.**

즉, 성경은 ①주 여호와께서는 당신의 비밀을 그 종 선지자들에게 먼저 보이지 않고는 결코 행하지 않으시며, 사자가 부르짖으면 두려워하듯 주 여호와께서 말씀하시니 누가 예언하지 않겠느냐(암3:7-8),

②**시온에서 나팔을 불며 나의 성산에서 호각을 불어 이 땅 거민으로 다 떨게 할찌니 이는 여호와의 날이 이르게 됨이니라 이제 임박하였으니** 곧 어둡고 캄캄한 날이요 **빽빽한 구름이 끼인 날이라** 새벽빛이 산 꼭대기에 덮인 것과 같으니 이는 많고 강한 백성이 이르렀음이라 이 같은 것이 자고이래로 없었고 이후 세세에 없으리로다(욜2:1-2)"하고 미래의 사람들에게 경고를 해주고 있다.

즉, 경은 영적으로 눈이 어두워 자신의 양들에게 이리가 오는 것을 알려주지 못하고 있는 오늘날 기독교 지도자들에게 분명히 화가 있다고 경고하고 있다(겔33:6) 따라서 우리는 구약의 선지자들처럼 기도로 하나님과 교통해 한난의 때를 미리 알고 이를 주변 사람들에게 알려야 할 사명이 있는 것이다.

① 너희는 흉한 날이 멀다 하여 강포한 자리로 가까워지게 하고, **상아 상에 누우며 침상에서 기지개 켜며 양떼에서 어린 양과 우리에서 송아지를 취하여 먹고 비파에 맞춰 헛된 노래를 지절거리며,** 다윗 처럼 자기를 위하여 악기를 제조하며 대접으로 포도주를 마시며, 귀한 기름을 몸에 바르면서 **요셉의 환난을 인하여는 근심치 않는 자로다.** 그러므로 저희가 이제는 사로잡히는 자 중에 앞서 사로잡히리니 기지 개 켜는 자의 떠드는 소리가 그치리라(암6:3-7).

● 논제(20). 구원(론)에 대한 명확한 분별과 조명

(답1). 구원(론)에 대한 명확한 정립

인간은 실낙원 이후 지금까지 생사 · 행복 · 진리 등 인간의 근본 문제에 대한 답을 찾기 위해 꾸준한 노력을 경주해 왔었다. 이러한 대명제의 답을 인간의 힘으로 찾으려는 추구를 철학(哲學)이라 부르고, 신으로부터 찾으려하는 추구를 신학(神學)이라 부른다.

따라서 구원이란 용어는 앞서간 인류의 현인(賢人)들이 주장했었던 성악설 · 성선설 · 사회적 동물 등의 철학적 개념을 뛰어넘어, 인간의 근본문제에 대한 답을 추구하는 학문인 신학에서 등장하는 용어이다.

구원은 예수 그리스도를 떠나서 성립될 수 없다는 사실을 성경은 밝혀주고 있는데(요5:39, 17:3), 이는 예수 그리스도는 인간의 생명과 직결되고 구원은 생명을 뜻하는 용어이기 때문이다.

구원론에서는 작정(Divine decrees)과, 예정(Predestination)이란 두 용어가 혼용되기도 한다, 그러나 이를 엄격히 구별하면, **작정은 만사와 만물에 관계하는 넓은 범위의 하나님의 영원한 도모를 뜻하고, 예정은 인간의 구원에 관계되는 좁은 범위의 영원한 도모를 뜻한다.**

따라서 인간의 구원에 대한 예정은 반드시 하나님의 영원한 계획과 작정에 포함되어 성취되기 때문에, 이는 하나님의 작정의 한 부분이라고 보는 것이 전체 성경 내용에 부합된다(롬8:29-30, 엡1:11).

성경은 분명히 하늘과 땅과 바다와 그 가운데 있는 모든 사건들과 사물들이 하나님의 작정에 따라(시49:14, 왕하19:25) **그 작정한 대로 성취될 뿐만 아니라**(시33:11, 사40:8), 이는 또한 하나님의 자유의지에 따랐기 때문에(욥23:13, 잠29:26) 반드시 이뤄질 수밖에 없다는 사실을 우리 인간들에게 명확히 밝혀주고 있다(사46:11, 사51:6).

한편 예정은 선택과 유기로 분리되는데 선택은 어떤 죄인들을 구원하시기 위한 계획이요, 유기는 기타 죄인들의 영벌을 향한 준비를 뜻한다. 그러나 성경은 구원을 받는 자의 선택의 사유가 그 자신에 있지 않고 하나님의 은혜에 있고(롬9:15-16), 유기된 자들의 영벌의 이유와 근거 또한 그 자신들에게 있다고 밝혀주고 있다(요3:18-19).

즉, 예정은 하나님께서 당신의 주관적이고 기쁘신 뜻에 따른 작정이고, 유기는 어떤 자들에게 당신의 은혜를 주지 않고서 그들을 죄 가운데에 버려뒀다가 그들의 죄 때문에 그들을 형벌함으로써 당신의 공의를 나타내기로 하신 하나님의 영원한 작정인 것이다.

그리고 유기는 하나님의 작정에 따라 간과된 사람들을 당신의 진노아래 두어 공의의 형벌을 행하시려는 하나님의 적극적이고 법정적 행위인데, 성경은 간과의 이유는 인간들에게 알려주지 않는 대신에 정죄에서는 그 이유를 밝혀주고 있다(마25:41-46, 고후2:14-16).

그런데 성경은 ①예수 그리스도를 마음으로 믿고서 입으로 시인하거나(롬10:10), 주의 이름을 부르는 자는 누구나 구원을 얻는다고 하면서도(롬10:13, 고전12:3), ②주여, 주여 하는 자가 천국에 가는 것이 아니고 오직 하나님의 뜻과 의를 행하는 자만이 갈 수 있다고 명확히 서로 다르게 말씀을 하고 있다(마7:21, 요일3:14, 갈5:19-23).

한편 오늘날 일부 기독교 지도자들은 성경에 나타난 구원에 대한 이러한 선언을 오인하고서 ①예수님을 영접한 자는 구원을 받았다고 하면서도, ②다른 한편 하나님의 말씀과 뜻과 의를 실천하는 자만이 구원을 받는다고 동시에 두 가지로 선포하고 있다. 따라서 이는 신자들을 혼돈케 할 뿐 아니라 소경이 소경을 인도하는 것과 같은 것이다.

때문에 구원에 대한 이러한 상반된 내용을 놓고서 신학자들은 물론 성직자들조차 명확하게 분별을 하지 못하고 있어, 이에 대한 혼돈으로 많은 기독신자들이 신앙의 갈등을 하기도 한다.

그러나 이는 상반된 것이 아니고, 전자와 후자의 뜻을 명확히 분별하지 못한데서 비롯된 잘못된 해석이라는 사실을 깨달을 수가 있다.

다시 말하면 성경에서 ①누구든지 주의 이름을 부르는 자는 구원을 얻는다고 하신 말씀과(롬10:13), ②성령으로 하지 아니하고는 예수를 주라고 할 수 없다고 하신 말씀의 진정한 뜻은(고전12:3),

예수 그리스도를 믿는 것 때문에 죽음에 이르러서도 온전히 주를 시인하고 부를 수 있는 온전한 믿음을 말하는 것임을 전체 성경 말씀의 조명을 통해서 깨달을 수가 있다(슥4:6, 행7:55, 단3:16-21).

그리고 이는 우리가 예수님을 영접했어도 성령으로 거듭나지 못하고 육체의 속성을 그대로 지닌 체 종교생활 하는 사람들은 구원받을 수 없다는 것을 밝혀주는 말씀이다(행19:1-7, 갈5:19-21, 롬1:29-32).

즉, 인간의 구원은 ①예수님을 영접한 후에(요1:12), **②물과 성령으로 거듭나**(요3:5), **③하나님의 뜻과 · 의와 · 십자가의 삶을 실천해 믿음에 대한 증거를 세울 때에 얻게 된다고 성경은 명확하게 밝혀주고 있는 것이다**(마7:21, 요일3:14, 롬1:29-32, 갈5:19-21, 계20:4-6).

따라서 이러한 구원은 인간의 육적, 혼적인 믿음만으로는 얻을 수가 없고, 성령의 능력에 따라 오직 하늘로부터 와지는 믿음에 의해서만 얻게 되기 때문에, **이는 하나님의 작정에 따라 당신의 예정을 입은 자들에게 주어지는 전적인 하나님의 은혜이다**(롬8:29-30, 엡1:11).

다만 둘째 부활의 구원은 육적인 행위에 속박되지 않고 당사자의 심령상태에 따라 결정되는 것으로 밝혀주고 있다. **하지만 이 또한 인간의 마음을 움직이시는 하나님의 은혜인 것이다**(엡2:8, 롬9:15-16).

오늘날 일부 기독교 지도자들과 신자들이 무의식중에 행위와 행함을 혼동하고 있음을 가끔 접하게 되어 심히 안타깝다. 그러나 **행위란 어떤 결과에 따른 공로를 표현하는 명사이고, 행함이란 어떤 명제에 대한 실천과 행동을 뜻하는 동사라는 것을 알아야만 한다.**

결론적으로 인간의 구원은 우리 인간들의 의로운 행위로 얻게 되는 것이 아니라, 오직 성령의 능력에 따라 하나님께로부터 오게 되는 온전한 믿음(영적인 믿음)을 통해서만 얻게 된다.

따라서 진정한 회개를 하고 성령을 받은 사람들은 구원에 대한 뜨거운 감사 속에서 모든 일에 있어서 하나님의 뜻을 좇는 행함이 뒤따르게 된다는 사실을 알 수가 있다.

① 만군의 여호와께서 경영하셨은즉 누가 능히 그것을 폐하며 그 손을 펴셨은즉 누가 능히 그것을 돌이키랴(사14:27).

② 그들은 양 같이 스올에 두기로 작정되었으니 사망이 그들의 목자일 것이라, 정직한 자들이 아침에 그들을 다스리리니 그들의 아름다움은 소멸하고 스올이 그들의 거처가 되리라(시49:14).

③ 모든 일을 그 마음의 원대로 역사하시는 자의 뜻을 따라 우리가 예정을 입어 그 안에서 기업이 되었으니, 이는 그리스도 안에서 전부터 바라던 우리로 그의 영광의 찬송이 되게 하려 하심이라(엡1:11-12).

④ 그는 뜻이 일정하시니 누가 능히 돌이키랴 **그 마음에 하고자 하시는 것이면 그것을 행하시나니 그런즉 내게 작정하신 것을 이루실 것이라** 이런 일이 그에게 많이 있느니라(욥23:13-14).

⑤ 사람의 마음에는 많은 계획이 있어도 **오직 여호와의 뜻만이 완전히 서리라**(잠19:21).

⑥ 복음에는 하나님의 의가 나타나서 **믿음으로 믿음에 이르게 하나니 기록 된 바 오직 의인은 믿음으로 말미암아 살리라**(롬1:17).

⑦ 너희가 그 은혜를 인하여 믿음으로 말미암아 구원을 얻었나니 이것이 너희에게서 난 것이 아니요 하나님의 선물이라(엡2:8).

⑧ 예수께서 대답하시되 진실로 진실로 네게 이르노니 사람이 물과 성령으로 나지 아니하면 하나님 나라에 들어갈 수 없느니라(요3:5).

(답2). 복음을 명확히 알아야 온전한 믿음을 갖게 된다.

나는 초등학교 때부터 예수님을 영접하고 하나님의 뜻을 좇아 살려고 무던한 노력을 했었다. 즉, 매일 새벽기도를 드리고 밤마다 **마을 앞산에 올라가 몇 시간씩 기도드리는 등으로 전력을 다해 신앙생활을 했었지만, 구원과 복음에 대해서는 명확히 알지를 못했었다.**

따라서 가문의 저주, 가난, 배신, 내 잘못에 의한 경제적 고통, 다른 사람들과의 갈등과 다툼 등으로 인해 심한 고통에 처했을 때 마음에 큰 상처를 입고서 **"하나님께서는 왜 나의 기도를 들어주시지 않는 것인가?" "정말로 하나님이 계시기나 하는 것인가?"** 의심을 할 때도 많았다는 사실을 고백할 수밖에 없다.

또 밤중에 혼자 공동묘지 같은 음습한 곳을 지나가거나, 초상집을 가거나, 미친 사람을 만나거나, 폭력배와 다투거나, 밤중에 깊은 산 속에서 혼자 기도할 때는 가끔 두려움에 사로잡히기도 했었다.

그러나 내 잠재의식 속에 예수 그리스도의 복음을 명확히 정립하고 나서부터는 모든 불신앙이 사라졌을 뿐만 아니라, 이 세상의 임금인 사탄이 역사할 때나, 나의 잘못 또는 타인으로 인해 심한 고통에 처했을 때도(요12:31) **언약의 말씀을 굳게 붙잡고 모든 고난을 이겨내면서 내 삶의 모든 것을 하나님께 온전히 맡길 수 있게 되었다.**

즉, "너희가 성경에서 영생을 얻는 줄 생각하고 성경을 상고하거니와 이 성경이 곧 내게 대하여 증언하는 것이라(요5:39)" 하신 말씀과, **"영생은 유일하신 하나님과 예수 그리스도를 아는 것이라(요17:3)"** 하신 성경 말씀의 진실을 온전히 깨닫게 되었다.

지금도 나는 삶에서 많은 어려움이 따르고는 있지만, 하나님의 긍휼을 옷 입고서 기도를 통한 성령의 능력으로 헤쳐 나가고 있다. 진실로 **복음을 깨닫게 해주신 하나님께 한없는 감사를 드릴 따름이다.**

(답3). 구원은 복음을 알고 누림으로써 얻는다.

　복음이란 인류의 시조 아담이 하나님의 언약(선악과를 먹으면 죽음)을 어김으로 인해 파생된 ①하나님을 떠난 문제 ②죄의 문제 ③사탄의 문제를 해결하기 위해, **이 땅에 왕과·선지자와·제사장으로 오신 예수 그리스도가 우리 인간의 모든 문제의 해결자라는 진리를 말하는 것이다**(요1:12, 8:32, 14:6, 16:13, 17:3, 골2:3, 히4:12).

　여기서 우리가 간과해서는 아니 될 중요한 사실은 예수는 인간의 이름을 뜻하고(메시아), **그리스도는**(기름 부은 자) **하나님의 아들로써 왕·제사장·선지자의 직위와 직책을 뜻하고 있다는 사실이다.**

　인간은 본래 하나님의 형상대로 창조되었지만 시조 아담의 불신앙으로 인해서(창3:6-15), ①하나님을 떠나 ②죄의 문제를 지니고 ③마귀의 종이 되어(요8:44) 시한부의 삶을 살다가 죽어가게 된다(히9:27).

　그리고 하나님의 작정에 따라 존재를 하는 사탄은(골1:16, 시49:14) **여자의 후손이며**(창3:15) **하나님의 본체이기도 한 예수 그리스도만이** (빌2:6) **꺾고 멸할 수 있을 뿐 아니라**(요일3:8), 죄의 문제는 피 제사로만 해결될 수 있기 때문에(레17:11) 예수 그리스도의 피 흘리심만이 우리 인간의 모든 죄를 속죄할 수가 있다(히9:28, 10:10).

　따라서 인간의 시조 아담이 하나님의 언약을 어김으로 인해 파생된(창3:15-16) **인간의 근본 문제를 해결하기 위해서 ①왕과 ②선지자와 ③제사장으로 오신 예수 그리스도가 인간의 모든 문제의 해결자라는 진리를**(요1:12, 8:32, 14:6, 16:13, 골2:3, 히4:12) **복음이라 한다.**

☞ 즉, ①영접하는 자 곧 그 이름을 믿는 자들에게는 하나님의 자녀가 되는 권세를 주시고(요1:12), **②뱀과 전갈을 밟으며 원수의 모든 능력을 제어 할 권세를 주심으로써 너희를 해할 자가 결코 없으리라 하셨는데** (눅10:19), **이는 예수 그리스도의 왕권을 말하는 것이고,**

☞ ①진리를 알지니 진리가 너희를 자유하게 하리라(요8:32), ②그러므로 이제 그리스도 예수 안에 있는 자는 결코 정죄함이 없나니 **이는 그리스도 예수 안에 있는 생명의 성령의 법이 죄와 사망의 법에서 너희를 해방하였음이라 말씀하셨는데**(롬8:1-2), **이는 예수 그리스도의 제사장의 직책과 역할을 어필하는 말씀이고,**

☞ ①내가 곧 길이요 진리요 생명이니 나로 말미암지 않고는 아버지께로 올 자가 없느니라 하셨고(요14:6), ②진리의 성령이 오시면 그가 너희를 모든 진리 가운데로 인도하리니 그가 자의로 말하지 않고 **오직 듣는 것을 말하시며 장래 일을 너희에게 알게 하시리라 약속하시고 있는데**(요16:13), **이는 이 세상에 인간의 몸으로 오신 예수 그리스도의 선지자의 사명과 직책에 대해서 어필하고 있는 말씀인 것이다.**

한편 ①내가 너로 여자와 원수가 되게 하고 네 후손도 여자의 후손과 원수가 되게 하리니 여자의 후손은(그리스도) 네 머리를 상하게 할 것이요 너는 그의 발꿈치를 상하게 할 것이라는 말씀과(창3:15),

②**그가 상함은 우리의 허물 때문이요 그가 찔림은 우리의 죄악 때문이라 그가 징계를 받음으로 우리가 평화를 누리고 그가 채찍에 맞음으로 우리가 나음을 입었도다.**" 하신 말씀과(사53:5),

③죄를 짓는 자는 마귀에게 속하나니 마귀는 처음부터 범죄함이니라 하나님의 아들이 나타나신 것은 마귀의 일을 멸하려 하심이니라(요일3:8), 하신 말씀 등을 살펴보면, **이러한 복음은 하나님께서 만세 전에 이미 작정하셨던 것임을 알 수가 있다**(시49:14, 잠29:26).

결론적으로 복음이란 하나님의 작정에 따라 이 세상 창조 때부터 흑암의 주인공으로 존재하는(창1:2-5) 사탄의 머리를 깨뜨리려고(창3:15), **이 세상의 빛으로 오신 예수 그리스도가 우리 인간의 모든 문제의 해결자라는**(요1:12, 16:13, 골2:3, 히4:12) 진리를 말한다. 그러므로 우리 인간의 참된 삶은 이러한 복음을 진정으로 누리는 것이다.

그런데 우리가 이 세상에서 "예수 그리스도가 우리 인간들의 모든 문제의 해결 자"라는 복음의 능력을 누린다는 것이 그리 쉽지만은 않다. 즉, 우리가 어려운 문제가 닥쳤을 때 애절하게 기도를 드려도 하나님께서 즉시 기도를 들으시는 경우는 드물기 때문이다.

하나님께서는 당신이 축복의 근원을 삼으셨던 아브라함에게 늘 함께는 하셨지만, 75세에 아들을 주시겠다고 약속하고서, 24년간은 응답하지 않다가 99세가 되어서야 다시 나타나시어 확증해주셨다(창17:1-5). 그러나 성경은 우리가 위기에 처했을 때에 목숨을 건 기도를 드리게 되면 하나님께서 반드시 응답해주신다고 밝혀주고 있다. 따라서 우리는 사도들에게 나타났던 성령의 능력을 덧입기 위해 늘 기도와 찬양으로 하나님과 동행을 해야만 하고, 이러한 약속의 말씀을 뇌리에 깊이 되새기고서(요1:2), 전심전력을 다하는 삶을 살아가야만 한다(골2:3).

① 하나님의 말씀은 살았고 운동력이 있어 좌우에 날선 어떤 검보다도 예리하여 혼과 영과 및 관절과 골수를 찔러 쪼개기까지 하며 또 마음의 생각과 뜻을 감찰하나니(히4:12).
② 이는 저희로 마음에 위안을 받고 사랑 안에서 연합하여 원만한 이해의 모든 부요에 이르러 하나님의 비밀인 그리스도를 깨닫게 하려 함이라 그 안에는 지혜와 지식의 모든 보화가 감취어 있느니라 (골2:2-3).
③ 그러하나 진리의 성령이 오시면 그가 너희를 모든 진리 가운데로 인도하시리니 그가 자의로 말하지 않고 오직 듣는 것을 말하시며 장래 일을 너희에게 알리시리라(요16:13).
④ 죄를 짓는 자는 마귀에게 속하나니 마귀는 처음부터 범죄함이니라 하나님의 아들이 나타나신 것은 마귀의 일을 멸하려 하심이니라(요일 3:8).

(답4). 구원은 예수 그리스도의 피의 능력으로 얻는다.

성경은 육체와 피는 동일하고, 육체의 생명은 피에 있음으로 피만이 인간의 죄를 속할 수 있다고 명확히 밝혀주고 있다(레17:11).

따라서 레위기는 피로 제사를 드리는 법도와 율례를 기록한 책일 뿐 아니라, 선악과 범죄로 인해 죽음을 상속받은 인간은(창3:15) 예수 그리스도의 피 흘리심을 통해서만 다시 살 수가 있다(히9:22).

때문에 이스라엘 백성들이 출애굽 할 당시 문설주에 예수 그리스도의 피를 대신한 양의 피를 바름으로써 재앙을 피할 수 있었다(출12:13).

다시 말해서 아담 한 사람의 범죄로 인해 모든 사람들에게 사망이 이르렀기에 또 다른 한 사람인 예수 그리스도의 피의 능력만이 우리 모든 사람들을 다시 살릴 수 있게 되는 것이다(롬5:17-21, 히9:28).

그러므로 하나님의 작정과 언약에 따라 예수 그리스도의 피를 빼게 된다면 인간의 구원은 그 자체가 성립되지 않는다(마26:28). 따라서 만약 우리가 예수 그리스도의 피의 능력을 모르게 되면 우리가 진정으로 하나님을 모르는 것이 된다(요5:39, 17:3).

한편 피와, 물과, 성령은 같은 것으로써 한가지로 사역하기 때문에, 우리는 예수 그리스도의 피의 능력을 자세히 알아야만 한다(요일5:8).

결론적으로 예수님의 피는 ①보배로운 피로써, ②죄를 씻고, ③질병을 고치고, ④거룩하게 하고, ⑤승리하게 하는 능력이 있다. 따라서 우리는 예수 그리스도의 피의 능력을 우리의 뇌리에 깊이 되새겨야만 한다.

① 오직 흠 없고 점 없는 어린양 같은 그리스도의 보배로운 피로 한 것이니라(벧전1:19)
② 율법을 좇아 거의 모든 물건이 피로써 정결케 되나니 피흘림이 없은즉 사함이 없느니라(히9:22).

● 논제(21). 자신이 구원 받은 것에 대한 입증과 구원의 길은?

(답1). 육적, 혼적신앙만으로는 구원을 받기 어렵다.

오늘날 기독교인들의 신앙생활을 살펴보면 구원의 확신 속에서 성령의 능력과 인도를 받으면서 신앙생활을 하는 사람들은 그리 많지가 않고, **대부분의 사람들은 막연한 믿음 속에서 때로는 갈등을 하고 넘어지기도 하면서 신앙생활을 하게 되는 것이 사실이다.**

그러나 성경은 우리들에게 ①주일을 성수하여라(출20:8). ②네 부모를 공경하라(마19:19). ③하나님의 계명을 지켜라(요14:15). ④항상 기뻐하고, 범사에 감사하며, 쉬지 말고 기도하라(살전5:16-18),

⑤돈과 이 세상을 사랑하지 말라(요일2:15, 딤전6:10). **⑥네 이웃을 네 몸과 같이 사랑하라**(마19:19, 22:39). **⑦간음, 절도, 거짓증언을 하지 말라**(마19:18, 잠19:9). ⑧음행, 원수맺음, 분쟁, 시기, 분냄, 당짓기, 투기, 술취함, 방탕 등을 하지 말라(갈5:19-21),

⑨성령을 소멸치 말고, 예언을 멸시치 말며, 모든 악을 버려라(살전5:19-22). ⑩술 취하지 말고, 성령의 충만을 받아라(엡5:18 행4:31). **⑪항상 선을 행하라**(시37:3-6, 롬2:10). **⑫하나님의 전신갑주를 입고**(엡6:11-17), **말씀으로 능히 사탄을 대적하라**(약4:7) 하는 등으로, **하나님의 뜻과 성경 말씀의 실천을 강조하고 있다.**

오늘날 성직자들은 인간의 의지로는 사실상 불가능한 이러한 지엽적 가르침만 연속하면서도 "누구든지 성령에 의하지 않으면 예수를 주라 할 수 없다(고전12:3)"는 말씀을 오인하여, **두 마음**(하나님과 세상)을 **품고 신앙생활 하는 자들까지 구원을 받은 것처럼 선언하고 있다.** **이는 전체 성경의 골간을 확실히 파악하지 못한 자들이 성경을 단편적으로만 본 잘못된 해석이다**(마7:21, 갈5:19-21, 계20:4-5).

물론 예수 그리스도의 십자가의 희생과 부활로 인해 모든 사람들에게 구원의 길을 열어 놓았기에(요3:16, 딤전2:4), **누구나 예수 그리스도를 영접해 성령으로 거듭나기만 하면 구원을 얻는다**(요3:5, 롬8:1-2).

그러나 인간은 아담으로부터 유전된 육체의 속성을 지니고 이 세상을 살아가기 때문에(창3:6), **사탄이 지배하는 이 세상에서 인간의 의지로 성경말씀을 실천하기란 사실상 불가능하다**(롬1:29-32, 갈5:19-21).

즉, 우리는 가문의 저주, 주변의 여건, 불의의 사고, 사업의 실패, 경제적인 고통, 질병, 이별, 실연, 무고, 모욕, 실직 등에 의해서 **순간 좌절하거나, 때로는 마음의 큰 상처를 입고서 갈등을 하고 넘어지게 되는 것도 사실이다**(눅24:17-23, 요21:15-19, 욥3:2-12).

따라서, 우리는 오순절 성령강림 이전의 예수님의 제자들이 자신들의 모든 것을 버리고 **예수님을 좇았었지만**(육적인 신앙의 극치), **막상 십자가 도상에서는 모두가 예수님을 버렸었다는 엄연한 역사적 사실을 마음 깊이 되새겨야만 한다**(마26:75).

결론적으로 우리가 예수 그리스도를 영접했어도 아담으로부터 유전된 이생의 정욕과 안목의 정욕 등의 육체적 속성을 지니고 살아가기 때문에, **인간의 의지와 노력으로 구원을 받기가 사실상 불가능하다는 사실을 성경은 명확히 밝혀주고 있다**(마7:21, 롬1:28-32, 갈5:19-21, 슥4:6).

① 육체의 일은 현저하니 곧 음행과 더러운 것과 호색과 우상 숭배와 술수와 원수를 맺는 것과 분쟁과 시기와 분냄과 당 짓는 것과 분리함과 이단과 투기와 술 취함과 방탕함과 또 그와 같은 것들이라(중략) 이런 일을 하는 자들은 하나님의 나라를 유업으로 받지 못할 것이요(갈5:19-21).

② 나더러 주여, 주여 하는 자마다 다 천국에 들어갈 것이 아니요 다만 하늘에 계신 내 아버지의 뜻대로 행하는 자라야 들어가리라(마7:21).

(답2). 인간의 구원은 오직 성령 역사로만 가능하다.

인간의 구원은 성령의 능력에 의해(슥4:6, 엡1:13) 예수 그리스도가 온전히 믿어짐으로써 ①계명을 지키고(요15:10), ②이 세상보다 하나님을 더 사랑하고(요일2:15, 약4:4), ③하나님의 뜻과 의를 행하며(마7:21), ④목숨까지 버릴 수 있는 온전한 믿음을 가질 때에 얻게 된다고 성경은 명확히 밝혀주고 있다(롬8:17, 갈5:19-21, 계20:4-5).

즉, 예수님 이름으로 세례를 받고 복음을 받아들인 사마리아 사람들에게 베드로와 요한이 안수하여 성령을 받게 했었던 사실과(행8:14-17), 사도 바울이 복음을 받아들인 에베소의 열두 제자들에게 "너희가 믿을 때에 성령을 받았느냐?" 하고 안수하여 성령을 받게 했던 사실을 봐도, 구원은 예수를 반신반의하며 믿는 육적인 믿음으로는 불가능하고 오직 하나님으로부터 오게 되는 성령의 능력에 따라(롬1:17) 목숨까지 버릴 수 있는 온전한 믿음을 가지게 될 때 얻는다는 사실을 성경은 입증해주고 있다(슥4:6, 엡1:13, 롬8:35, 행7:55-60, 계20:4-5).

예를 들면 예수님께서 ①귀신을 물리치고, ②죽은 나사로를 살리고, ③땅과 바다가 복종하고, ④오병이어 기적을 베푸시는 현장을 목격하는 등으로 하나님의 능력을 직접 보고 체험하고서 "주는 그리스도시요 살아계신 하나님의 아들이십니다(마16:16)" 신앙고백을 드렸던 사도 베드로지만 막상 십자가 도상에서는 예수님을 부인하고 말았다.

이러한 성경적 사실들은 우리 인간은 누구나 사도 베드로처럼 나약한 신앙을 소유할 수밖에 없다는 사실을 나타내주고 있는 것이다.

그러나 오순절 성령강림 후는 예수 그리스도의 이름으로 초능력을 행함은 물론 하나님의 뜻을 좇아서 죽기까지 충성했었다. 성경에 나타난 이러한 역사적 사실들은 구원은 오직 성령의 능력을 통해서 가능하다는 사실을 입증해주고 있다(슥4:6, 요16:13, 행6:8, 딛3:5).

그리고 아볼로는 성경에 능통하여 일찍이 주의 도를 배워 열심히 예수가 그리스도인 것을 가르치고 회개를 이루는 요한의 세례를 주면서 많은 사람들에게 은혜와 유익을 주었지만(행18:24-28), 막상 자신은 성령을 받지 못했었다(행19:1-7). 따라서 예수 그리스도의 영이 없으면 그리스도의 사람이 아니라는 말씀의 진정한 뜻은(롬8:9), 복음을 지식으로만 알고서 믿는 육적 또는 혼적 신앙만으로는 구원에 이를 수 없다는 사실을 깨닫게 해주고 있다(갈5:19-21).

즉, 성경은 인간의 구원은 오직 성령의 능력으로만 가능하다는 사실을 밝혀주고 있을 뿐 아니라(슥4:6, 딛3:5), 이러한 성령을 우리 각자들에게 부어 주시는 고유권한 또한 하나님에게 속한 것이다(시39:14).

따라서 하나님과 예수 그리스도의 은혜를 입고서(엡1:11), 성령의 인도를 받으며 살아가고 있는 사람들은 하늘나라만 바라보고 하나님의 뜻인 이웃 사랑을 실천하기 위해 육적·혼적활동을 다하면서 늘 감사하는 삶을 살아가야만 한다(롬9:15-16, 엡2:8).

① 알렉산드리아에서 난 **아볼로라 하는 유대인이** 에베소에 이르니 **이 사람은 학문이 많고 성경에 능한 자라 그가 일찍 주의 도를 배워 열심으로 예수에 관한 것을 자세히 말하며 가르치나 요한의 세례만 알 따름이라,** 그가 회당에서 담대히 말하기를 시작하거늘 브리스길라와 아굴라가 듣고 데려다가 하나님의 도를 더 자세히 풀어 이르더라 (행18:24-25).

② 그가 내게 대답하여 이르되 여호와께서 스룹바벨에게 하신 말씀이 이러하니라, **만군의 여호와께서 말씀하시되 이는 힘으로 되지 아니하며 능력으로 되지 아니하고 오직 나의 영으로 되느니라**(슥4:6).

③ 그 안에서 너희도 진리의 말씀 곧 너희의 구원의 복음을 듣고, 그 안에서 또한 믿어 약속의 성령으로 인치심을 받았으니(엡1:13).

(답3). 성령 충만을 받으면 구원은 확실히 받게 된다.

①누구든지 예수 그리스도를 영접하고(마11:28, 요1:12), ②구속에 대한 감사 속에서(엡2:8, 롬5:15), ③전심전력으로 기도를 드리게 되면(행1:13-15), ④성령이 임하시고(행2:1-4), **이 성령님의 인도하심에 따라**(요14:26, 16:13), **진정한 회개를 하게 된다**(행2:37-39).

만약 우리가 이렇게 되면 ①거룩하신 하나님의 은혜로 말미암아(엡2:8), ②과거 · 현재 · 미래의 모든 죄를 속죄함을 받고서(롬8:1-2), ③물과 성령으로 거듭나(요3:5, 요8:32), ④하늘로부터 와지는 믿음과(롬1:17) ⑤성령의 능력에 따라(슥4:6, 요16:13, 눅10:19, 디3:5) **온전한 구원에 이르게 되는 것이다**(엡1:13, 엡2:8, 살전1:5).

즉, 우리가 이 세상의 욕망을 버리고(딤전6:10, 요일2:15, 약4:4), 하나님만 바라보며(히12:2, 고전12:31), 성령의 충만을 위해 기도에 전념하게 되면(행1:13-15), **하나님께서 반드시 성령을 부어주실 뿐만 아니라**(행2:1-5, 요14:16, 26), **이 성령의 능력과 인도하심에 따라 하나님의 뜻을 추구하게 되어 온전한 구원을 얻게 되는 것이다**(요3:5-6, 요16:13, 디3:5, 요일5:18, 엡1:13-14, 슥4:6, 히4:12).

① 영생은 곧 유일하신 참 하나님과 그의 보내신 자 예수 그리스도를 아는 것이니이다(요17:3).
② 그 안에서 너희도 진리의 말씀 곧 너희의 **구원의 복음을 듣고 그 안에서 또한 믿어 약속의 성령으로 인치심을 받았으니**(엡1:13).
③ 그러하나 진리의 성령이 오시면 그가 너희를 모든 진리 가운데로 인도하시리니 그가 자의로 말하지 않고 오직 듣는 것을 말하시며 **장래 일을 너희에게 알리시리라 그가 내 영광을 나타내리니 내 것을 가지고 너희에게 알리겠음이니라**(요16:13-14).

(답4). 구원을 확증하는 성령의 임재 현상

우리가 성령을 받으면 ①꿈을 꾸고 · 환상을 보고 · 장래 일을 알게 될 뿐 아니라(욜2:28, 요16:13), ②지혜와 · 지식의 말씀과 · 믿음과 · 예언과 · 방언과 · 방언의 통역과 · 신유와 · 능력이 따르게 되고(고전 12:8-11), ③사랑과 · 희락과 · 화평과 · 오래 참음과 · 자비와 · 양선과 · 충성과 · 온유와 · 절제가 함께 하게 된다(갈5:22-23).

따라서 우리는 다른 종교인들도 인격적 도덕적으로 혼적인 신앙생활은 영위하고 있다는 사실을 깊이 유념하고서, **성령 충만을 받기 위해 성경 말씀의 연구는 물론 기도와 간구에 전심전력을 다해야만 한다.**

오늘날 많은 기독교 지도자들과 신자들이 예배의식을 게을리 하지 않는 것이 잘 믿는 신앙으로 오인을 하고 있지만, **성경은 분명히 이웃 사랑의 실천과 성령의 열매를 맺지 못하는 예배**(제사)는 성전 마당만 **밟을 뿐이라는 사실을 명확히 밝혀주고 있다**(사1:12).

즉, 그리스도의 사랑이 없는 예배신앙은 분명히 잘못된 것이고, 성령의 인도를 받지 못하는 신앙은 종교생활 하는 것에 지나지 않는다(요일 3:10). **따라서 자신이 구원을 받았나? 알려면 자신 속에 예수님의 사랑이 활동하고 있나? 살펴보면 알 수가 있다**(마25:34-40).

① 한 사람이 두 주인을 섬기지 못할 것이니 혹 이를 미워하고 저를 사랑하거나 혹 이를 중히 여기고 저를 경히 여김이라 **너희가 하나님과 재물을 겸하여 섬기지 못하느니라**(마6:24).
② 이 세상이나 세상에 있는 것들을 사랑하지 말라 누구든지 세상을 사랑하면 아버지의 사랑이 그 안에 있지 아니하니(요일2:15).
③ 네 마음을 다하며 목숨을 다하며 힘을 다하며 뜻을 다하여 주 너의 하나님을 사랑하고 또한 네 이웃을 네 자신 같이 사랑하라(눅10:27).

(답5). 성령을 받아도 강한 의지로 말씀을 실천해야만 한다.

우리가 성령을 받고 하늘나라를 이 세상보다 더 사랑하는 십자가의 삶을 영위한다고 해도 늘 근신하며 조심해야만 한다. 이는 사탄이 공중 권세를 잡고 수시로 우리를 공격하기 때문에(엡6:10-18), 인간은 누구나 순간 돈과 세상을 좇아 믿음을 상실하거나(딤전4:1-2, 6:10) 실족할 수 있는 연약한 존재이기 때문이다(고전10:8-12, 유1:11).

따라서 우리는 ①자신 속에 온전한 믿음과, 꿈, 환상, 은사, 자비, 온유, 인내, 절제, 화평 등 성령의 내주현상이 내재되어 있는가(갈5:22-23), ②이웃 사랑을 실천하기 위해 전심전력을 다하고 있는가(마25: 35-46), ③이 세상보다 하나님을 더 사랑하는가(요일2:15-16), 항상 자신을 살펴서 깨어있어야만 한다(롬13:12-14, 고전15:34).

많은 사람들이 행위(명사)와 행함(동사)을 혼동하고 있지만, 구원은 우리의 행위로 얻는 것이 아니고, 하나님의 은혜로 얻는 것이다(엡2:8). 우리는 부지중에 양심에 화인 맞은 자가 되지 않고(딤전4:2), 하나님의 마음에 합한 자가 되도록(행13:22, 삼상13:14) 늘 근신하면서 기도와 간구를 통해 성령의 인도를 받아야만 한다.

성령을 받은 자는 전심전력으로 노력만 하면, 성령께서 하나님의 뜻을 좇아 살도록 인도해 주신다(요16:13, 빌4:6-7, 미2:13). 노력과 결과에 따른 상급은 다를 수 있지만 구원은 확실히 보장되는 것이다.

① 그러나 성령이 밝히 말씀하시기를 후일에 어떤 사람들이 믿음에서 떠나 미혹케 하는 영과 귀신의 가르침을 좇으리라 하셨으니 자기 양심이 화인 맞아서 외식함으로 거짓말하는 자들이라(딤전4:1-2).
② 화 있을진저 이 사람들이여, 가인의 길에 행하였으며(중략) 어그러진 길로 몰려갔고 고라의 패역을 좇아 멸망을 받았도다(유1:11).

(답6). 순간 육적 죄를 지었어도 좌절하지 말고 믿음을 지켜라.

오늘날 많은 기독교 지도자들이 "진리를 아는 지식을 받은 후에 짐짓 범죄 하면 용서함 받지 못한다(히10:26)" 하신 말씀을 오인하여, 성령을 받고 은혜를 받은 자가 순간 육적인 죄를 범하면 구원을 얻지 못한다고 선언하고 있다. **그러나 이는 성경을 단편적으로만 보고 믿음의 사람들을 실족케 할 수 있는 참으로 위험하고도 잘못된 해석이다.**

성경은 각기 그 짝이 있어(사34:16) 어느 한 곳의 내용만 가지고 해석을 하게 되면 오류를 낳게 된다. 즉, 사도 베드로는 '변화산'에서 예수님께서 엘리야와 모세와 더불어 대화를 나누는 것을 보았고, 죽은 나사로를 살리시는 것을 보았고, 바다 위를 걷는 것을 보았고, **스스로 기름을 발라 병든 자를 고쳤고, "주는 그리스도시요 살아계신 하나님의 아들입니다" 신앙고백을 드림으로써 천국 열쇠를 받았으나, 막상 십자가 도상에서는 예수님을 부인하고 말았었다**(마26:74).

다윗 왕은 하나님의 영을 받고 사자와 싸워 이기고 골리앗을 무찔렀을 뿐만 아니라, 사울왕의 극심한 박해를 하나님만 바라보고서 극복했지만 순간 밧세바로 더불어 범죄하고 말았었다(삼하11:4).

즉, 이러한 말씀들은 하나님께서는 아나니아와 삽비라처럼 성령을 속이거나 거역하는 죄가 아닌, 육적인 모든 죄는 용서하신다는 사실을 명확히 깨우쳐주고 있는 것이다(마12:32, 행5:1-3, 고전5:5).

이는 인간은 누구나 육의 압제아래 있어 순간 범죄 할 수도 있는 연약한 존재란 사실을 하나님께서 익히 알고 계시기 때문이다.

그러나 오순절 성령강림 후의 사도 베드로는 죽기까지 믿음을 지켰을 뿐만 아니라, **다윗 왕은 철저한 회개를 통해서 대표적인 하나님의 사람이 되었다. 따라서 히브리서 10장 26절 말씀이 나타내는 진정한 뜻은 양심에 화인을 맞아 성령을 거역하는 죄를 말하는 것이다.**

(답7). 말씀과 기도를 통해 빛의 사명을 다해야 한다.

복음을 받고 예수 그리스도를 온전히 영접한 자는 사탄의 공격을 담대히 대적하되, 특별히 성령의 능력으로 주변 사람들에게 역사하는 **사탄을 말씀으로 물리치고**(눅10:19) **복음을 심어주어**(요8:32, 17:3), **예수 그리스도를 영접하게 하는 빛의 사명을 다해야만 한다.**

즉, 하나님께서는 믿는 우리들에게 당신의 자녀의 권세는 물론 사탄을 제어할 능력을 주시고(시32:10, 요1:12, 눅10:19), 선두에서 싸워주시며(미2:13) 세상 끝 날까지 함께 하신다고 하셨다(마28:20, 요일5:18). **따라서 이러한 언약의 말씀을 우리의 잠재의식 속에 깊이 되새기고서 담대하게 사탄을 대적을 하게 되면 흑암의 권세인 사탄은 한 길로 왔다가 일곱 길로 도망을 가게 된다**(신28:7).

다만 우리가 사탄과 이러한 싸움을 시작하기 전에 먼저 우리의 마음에 깊이 유념해야 할 것은 ①우리 자신이 이 세상을 배설물처럼 여기고서(빌3:8), **예수 그리스도만 바라보면서 하나님의 뜻을 좇아 목숨까지도 버릴 수 있는 온전한 믿음을 갖고 있는가**(롬8:35, 고후11:23-29)?

②우리가 오직 하늘나라만 바라보면서(마6:21, 시84:10) 하늘나라를 사모하고 있는가(시130:6)? ③우리가 성경 말씀을 실천하기 위해서 **어려운 경제여건 속에서도 가난한 자를 돌보며, 이웃 사랑을 실천하기 위해 전심전력을 다하고 있는가**(약1:27, 마25:34-40)?,

④우리가 성경 말씀의 연구는 물론 날마다 기도와 간구에 전력을 다하고 있는가(렘29:12-13, 롬12:12)? ⑤우리 자신이 하나님의 주도권을 인정하고서 에녹·노아·아브라함·다윗·다니엘·사도바울처럼, 진정으로 **하나님과 동행하는 삶을 영위하고 있는가?**

늘 우리 자신을 되돌아보고서 스스로를 갱신하며 기도를 통한 성령의 능력으로 오직 하나님만 바라보는 삶을 추구해야만 한다.

만약 우리가 이렇게만 살아간다면 성령의 능력이 항상 우리들과 함께 하시기 때문에 분명히 사탄은 우리를 두려워하게 된다.

따라서 우리는 날마다 정시 또는 무시 기도를 통한 성령의 능력으로 마음의 평강을 유지하면서, 하나님의 마음에 합한 자가 되도록 늘 최선을 다하는 삶을 유지해해야만 한다(렘3:15, 삼상13:14).

① 진리를 알찌니 진리가 너희를 자유케 하리라(요8:32).

② 영생은 곧 유일하신 참 하나님과 그의 보내신 자 예수 그리스도를 아는 것이니이다(요17:3).

③ 영접하는 자 곧 그 이름을 믿는 자들에게는 하나님의 자녀가 되는 권세를 주셨으니 이는 혈통으로나 육정으로나 사람의 뜻으로 나지 아니하고 오직 하나님께로서 난 자들이니라(요1:12-13).

④ 내가 너희에게 뱀과 전갈을 밟으며 원수의 모든 능력을 제어할 권세를 주었으니 너희를 해할 자가 결단코 없으리라(눅10:19).

⑤ 또한 모든 것을 해로 여김은 내 주 그리스도 예수를 아는 지식이 가장 고상함을 인함이라 **내가 그를 위하여 모든 것을 잃어버리고 배설물로 여김은 그리스도를 얻고 그 안에서 발견되려 함이니** 내가 가진 의는 율법에서 난 것이 아니요 오직 그리스도를 믿음으로 말미암은 것이니 곧 믿음으로 하나님께로서 난 의라(빌3:8-9).

⑥ 네 보물 있는 그 곳에는 네 마음도 있느니라(마6:21).

⑦ 너희는 내게 부르짖으며 **와서 내게 기도하면 내가 너희를 들을 것이요 너희가 전심으로 나를 찾으면 나를 만나리라**(렘29:12-13).

⑧ 아무 것도 염려하지 말고 오직 모든 일에 기도와 간구로, 너희 구할 것을 감사함으로 하나님께 아뢰라 그리하면 **모든 지각에 뛰어난 하나님의 평강이 그리스도 예수 안에서 너희 마음과 생각을 지키시리라**(빌4:6-7).

(답8). 사탄을 대적하며 복음을 누려라.

 인간은 누구나 복음을 받고서 예수 그리스도를 온전히 영접하게 되면 예수 그리스도의 십자가의 피 흘리심으로 말미암아 온전히 사면되어(롬 8:1-2), 사탄의 종이었던 과거의 신분에서 벗어나(요8:44) 하나님의 자녀로 원상회복되어지게 된다(요1:12, 디3:5, 요일5:18).

 그러나 우리가 이 땅을 살아가고 있는 동안은 하나님의 작정에 따라 존재하는 이 세상의 임금인 사탄이(요12:31) 온갖 방법으로 우리를 공격하기 때문에 우리는 잠시도 방심해서는 아니 된다(벧전5:8).

 사탄의 존재 이유를 우리가 명확히 알 수는 없지만, 하나님께서 이러한 사탄의 공격을 우리가 받게 하시는 것은 순도 100%의 정금같이 우리를 단련하기 위한 좋으신 작정에 따른 것이다(욥23:10, 고후12:7).

 우리는 이러한 사탄의 공격 또한 하나님께서 허락한 사탄의 사역이란 사실을 유념하고서, 말씀과 기도로 통해 이러한 사탄의 공격을 대적해야 만 한다(요12:31, 욥1:12, 삼상16:14, 히2:8).

 따라서 사도 바울은 마귀의 간계를 능히 대적하기 위하여 "진리의 허리띠를 띠고, 의의 호심경을 붙이고, 평안의 복음의 신을 신고, 믿음의 방패를 가지고서 능히 사탄의 불화살을 소멸하되, 특별히 구원의 투구를 쓰고서(하늘나라에 대한 꿈) 성령의 검인 하나님의 말씀으로 담대히 사탄을 대적하라" 하고 말씀하고 있다(엡6:11-17, 약4:7).

 즉, 성령을 받은 우리는 속죄함을 받고 하나님의 자녀의 권세를 회복하였기에 하나님 자녀의 권세를 사용해(요1:12, 눅10:19, 요일5:8) 능히 사탄을 대적하고 복음을 누리는 삶을 영위해 갈 수가 있다.

 우리는 뜻하지 않게 사업의 실패·불의의 사고·질병·좌절·배신 ·분노·이별·외로움·박해·무고·두려움·경제적 고난 등에 이끌려 순간 믿음을 상실할 수도 있다.

그러나 수시로 감행하는 이러한 사탄의 공격은 우리가 믿음의 방패인 복음을 굳게 부여잡고 하늘나라만 바라보면서 기도에 전념을 하게 되면, **하나님께서 우리들 앞에서 싸워 주시기 때문에**(미2:13, 시32:10, 48:14) **우리는 성령의 능력으로 말미암아**(슥4:6, 요일5:18) **반드시 승리를 하게 된다**(요일5:18).

① **이제 이 세상의 심판이 이르렀으니 이 세상 임금이 쫓겨나리라** 내가 땅에서 들리면 모든 사람을 내게로 이끌겠노라 하시니 이렇게 말씀하심은 자기가 어떠한 죽음으로 죽을 것을 보이심이러라(12:31 -33).

② **영접하는 자 곧 그 이름을 믿는 자들에게는 하나님의 자녀가 되는 권세를 주셨으니**(요1:12).

③ 그러므로 이제 그리스도 예수 안에 있는 자에게는 결코 정죄함이 없나니 **이는 그리스도 예수 안에 있는 생명의 성령의 법이 죄와 사망의 법에서 너를 해방하였음이라**(롬8:1-2).

④ 내가 너희에게 뱀과 전갈을 밟으며 원수의 모든 능력을 제어할 권세를 주었으니 너희를 해할 자가 결단코 없으리라(눅10:19).

⑤ 하나님께로서 난 자마다 범죄치 아니하는 줄을 우리가 아노라 **하나님께로서 나신 자가 저를 지키시매 악한 자가 저를 만지지도 못하느니라** (요일5:18).

⑥ 우리의 씨름은(중략) 정사와 권세와 이 어두움의 세상 주관자들과 하늘에 있는 악의 영들에게 대함이라(중략) 그런즉 서서 진리로 너희 허리띠를 띠고 의의 흉배를 붙이고, **평안의 복음의 예비한 것으로 신을 신고 모든 것 위에 믿음의 방패를 가지고 이로써 능히 악한 자의 모든 화전을 소멸하고 구원의 투구와 성령의 검 곧 하나님의 말씀을 가지라**(엡6:12-17).

● 논제(22). 구원받은 자에게 나타나는 특이한 현상은?

(답1). 성령의 인도를 받게 된다.

인간은 영으로 창조되어 하늘나라에 존재하다가(잠8:22) 아담은 이 영이 빚은 흙속에, 우리는 어머니 배속에 들어와서 생하여 영, 육, 혼의 삼위일체로 존재하게 되었지만(창2:7), 언약을 어긴 아담의 유전자를 상속받음으로써 영은 죽고(창3:15) 사탄의 종이 되었다(요8:44).

그러나 하나님께서는 예수님의 십자가 피 흘리심과 부활로 말미암아 그 이름을 믿는 자들에게는 하나님의 자녀로 원상회복시키기 위해서 당신의 영인 성령을 반드시 부어주시게 된다(요14:16, 16:13).

성령은 우리 눈에 명확히 보이지는 않지만 횃불처럼 나타나기도 하고(창15:17), 불꽃 같이 나타나기도 하고(출3:2-3), 세미한 음성으로 들리기도 하고(왕상19:12), 때로는 불의 혀처럼 갈라지는 형상으로 나타나기도 하고(행2:2-3), 비둘기 같이 임하기도 하고(마3:16), 때론 우리의 뼈마디가 흔들리고 몸의 털이 주뼛하는 명확한 느낌으로 임할 때도 있는 것으로 성경은 밝혀주고 있다(욥4:12-15).

하지만 우리가 성령을 받았다고 해도 보통은 이 성령이 우리의 삶의 과정에 꺼지지 않는 불빛으로만 남아 유지될 뿐, 전력을 다해서 기도를 드리는 삶을 유지한다고 해도 항상 초능력으로 나타나며 강력하게 사역하는 경우는 그리 많지 않다. 이 또한 하나님의 작정에 따라서 사역의 정도와, 방법과, 때와, 기간이 정해지기 때문이다.

즉, 선지자 엘리야는 우리와 성정이 같은 사람임에도 하나님께 기도를 드리자 3년 반 동안 비가오지 않았고 다시 기도하자 비를 주셨으며(약517), 심지어 하늘에서 불을 내리게 하여 바알 선지자 450인을 죽였을 정도로 하나님께 초능력을 받은 사람이었다(왕상18:22-46).

그러나 순간 이세벨이란 여자가 두려워 브엘세바로 도망해 하나님께 죽기를 호소했었고(왕상19:4), 40 주야를 걸어서 하나님의 산인 호렙산 토굴에 숨었었다(왕상19:8-9). **이러한 성경적 사실은 하나님의 능력이 항상 우리들에게 강하게 역사하지는 않는다는 것을 보여주고 있다.**

따라서 다윗 왕은 "하나님이여 사슴이 시냇물을 찾기에 갈급함 같이 내 영혼이 주를 찾기에 갈급하니이다 **내 영혼이 하나님 생존하시는 하나님을 갈망하나니 내가 어느 때에 나아가서 하나님 앞에 뵈올꼬,** 사람들이 종일 나더러 하는 말이 네 하나님이 어디 있느뇨 하니 내 눈물이 주야로 내 음식이 되었도다(중략), **내 영혼아 네가 어찌하여 낙망하며 어찌하여 내 속에서 불안하여 하는고, 너는 하나님을 바라라 그 얼굴의 도우심을 인하여 내가 오히려 찬송하리로다(시42:1-5)"** 하고서 고통 속에서 다시 마음을 다잡으며 기도했었다.

결론적으로 우리가 예수 그리스도를 온전히 영접하고 성령을 받았다고 해도, 이러한 성령이 항상 우리의 생각과 잠재의식까지 장악하도록 기도와 간구는 물론 혼적인 활동을 다하여야만 한다(빌4:6-7, 히4:12). **또 우리가 이렇게 해야지만 수시로 역사하는 사탄을 물리치고서 진정으로 복음을 누리는 삶을 영위할 수 있게 된다.**

즉, 하나님께서는 우리가 예수 그리스도를 영접해 성령으로 거듭나면 하늘로부터 오게 되는 믿음과(롬1:17) 성령의 인도하심에 따라(요14:26, 16:13) **우리의 신앙이 성장하도록 늘 우리와 함께 하며 보살피고 계신다(미2:3, 히4:12, 시48:14, 마28:20).**

한편 성령을 받은 자는 바람같이 행할 때도 있고(요3:8), 번개처럼 빠르게 이동하기도 하고(행8:39), 실제로 성령의 불을 체험하기도 한다. **우리는 이 모든 신앙의 시련과 성장과정을 겪은 뒤에야 더욱 굳건한 신앙인으로 성숙되게 되어 오직 하나님만을 바라보며 우리의 내면세계에서 그의 목소리를 듣고 그의 뜻을 따르게 된다.**

(답2). 주의 뜻과 사랑을 실천하는 인격체의 삶을 살아간다.

① 주여, 주여 하는 자마다 다 천국에 다 들어갈 것이 아니요 다만
　　하늘에 계신 내 아버지의 뜻대로 행하는 자라야 들어가리라(마7:21).

② **무릇 의를 행치 아니하는 자나 그 형제를 사랑치 아니하는 자는
　　하나님께 속하지 아니하니라**(요일3:10).

③ 나는 자비를 원하고 제사를 원치 아니하노라 하신 뜻을 너희가
　　알았더라면 무죄한 자를 정죄하지 아니하였으리라(마12:7).

④ 예수께서 그의 우는 것과 또 함께 온 유대인들의 우는 것을 보시고
　　심령에 통분히 여기시고 민망히 여기사 가라사대 그를 어디 두었느냐
　　가로되 주여 와서 보옵소서 하니 눈물을 흘리시더라(요11:33-35).

(답3). 행함으로 믿음을 완성시켜 나가고 염려와 근심을 하지 않는다.

① 우리 조상 아브라함이 그 아들 이삭을 제단에 바칠 때에 행함으로
　　의롭다 하심을 받은 것이 아니냐(약2:21).

② 영혼 없는 몸이 죽은 것 같이 행함 없는 믿음은 죽은 것이니라(약
　　2:26).

③ 아무것도 염려하지 말고 오직 모든 일에 기도와 간구로 너희 구할
　　것을 감사함으로 하나님께 아뢰라(빌4:6).

(답4). 기도와 전도에 전념한다.

① 마음을 같이 하여 오로지 기도에 힘쓰더라(행1:14).

② 저희가 날마다 성전에 있든지 집에 있든지 예수는 그리스도라 가르치
　　기와 전도하기를 쉬지 아니하니라(행5:42).

● 논제(23). 구원의 확증을 위한 성령 충만을 받으려면?

(답1). 철저한 회개를 한 후 중생의 삶을 살아야 한다.

　회개의 뜻은 흑암 속에 갇혀 살아온 과거의 삶을 가슴이 찢어지듯 철저히 뉘우치고 하나님의 뜻을 좇아 살기로 굳게 결단하는 것이다.
　우리가 진정한 회개를 하게 되면, 성령께서 강권적으로 역사하시어 성경말씀을 따라 살 수 있도록 우리를 인도하여 주시게 된다.
　하지만 사탄이 지배하는 이 세상에서 우리가 육을 이기고 중생의 삶을 살아간다는 것은 쉽지 않다. 따라서 날마다 기도와 간구를 통하여 자신을 갱신하여 중생의 삶이 유지되도록 전심전력을 다해야만 한다.

① 저희가 이 말을 듣고 마음에 찔려 베드로와 다른 사도들에게 물어 가로되 형제들아 우리가 어찌할꼬 하거늘(행2:37).
② 너희는 이제라도 금식하고 울며 애통하고 마음을 다하여 내게로 돌아오라 하셨나니 너희는 옷을 찢지 말고 마음을 찢고 너희 하나님 여호와께로 돌아올 지어다(욜2:12-13).
③ 너희는 유혹의 욕심을 따라 썩어져 가는 구습을 좇는 옛사람을 벗어 버리고 오직 심령이 새롭게 되어 하나님을 따라 의와 진리의 거룩함으로 지으심을 받은 새사람을 입어라(엡4:22-24).
④ 너희가 서로 거짓말을 말라 옛 사람과 그 행위를 벗어 버리고 새 사람을 입었으니 이는 자기를 창조하신 자의 형상을 좇아 지식에까지 새롭게 하심을 받은 자니라(골3:9-10).
⑤ 우리가 행한 바 의로운 행위로 말미암지 아니하고 오직 그의 긍휼하심을 좇아 중생의 씻음과 성령의 새롭게 하심으로 하셨나니 우리를 구원하시되(딛3:5).

(답2). 하나님을 항상 사랑하고 바라봐야 한다.

예수님께서는 이 세상과 하나님을 동시에 사랑할 수 없다고 분명하게 말씀하셨다(마6:24). 따라서 우리는 이 세상보다 하나님을 더 사랑하고 사모하며, **이웃 사랑을 실천하는 삶을 늘 추구할 때에 비로소 성령이 함께 하신다는 사실을 깨닫고서 늘 근신하는 삶을 살아가야만 한다.**

① 나를 사랑하는 자들이 나의 사랑을 입으며 나를 간절히 찾는 자가 나를 만날 것이니라(잠8:17).
② 너희가 내게 부르짖으며 내게 와서 기도하면 내가 들을 것이요 너희가 온 마음으로 나를 구하면 나를 만나리라(렘29:13).
③ 파수꾼이 아침을 기다림보다 내 영혼이 주를 더 기다리나니 참으로 파수꾼의 아침을 기다림보다 더하도다(시130:6).

(답3). 은혜와 성령을 사모하고 갈구해야 한다.

성령 충만은 우리가 철저한 회개를 한 후에 늘 우리 자신을 새롭게 변화시켜, 기도로 하나님과 교통하면서 파수꾼이 아침을 기다리듯 진정으로 사모하는 자에게 임한다는 사실을 성경은 밝혀주고 있다.

① 갓난아이들 같이 순전하고 신령한 젖을 사모하라 이는 너희를 구원에 이르도록 자라게 하려 함이라(벧전2:2).
② 너희는 더욱 큰 은사를 사모하라 내가 또한 제일 좋은 길을 너희에게 보이리라(고전12:31).
③ 저희가 이제는 더 나은 본향을 사모하니 곧 하늘에 있는 것이라(히 11:16).

(답4). 몸과 마음과 정성을 다해 온전한 예배를 드려야 한다.

오늘날 많은 기독신자들이 진정으로 하나님께서 원하시는 예배가 무엇인지 알지 못하고서, 그저 **교회에 출석해 예배의식을 거치면 온전한 예배를 드리는 것으로 잘못 알고 있다. 다시 말해서 예배의식을 게을리 하지 않는 것이 진실한 신앙생활인 것으로 오인하고 있다는 말이다.**

성경은 예배에 합당한 마음과 행실을 갖추지 않은 의식적인 예배는 성전 마당만 밟을 뿐이라고 말씀하심으로써(사1:11-17), 하나님께서는 연속적 예배의식보다는 평소의 생활예배를 원하신다.

한편 성경에 나타난 제사(예배)는 수직적 제사와(번제, 소제: 마22:37) **수평적 제사(화목제: 마22:39)로 분리할 수가 있다**(히13:15-16).

즉, 수직적 제사는 말씀과 기도를 통해 하나님과 화평을 이루는 삶을 말하는 것이고, 수평적 제사는 어려운 이웃을 사랑하여 보살피는 삶(요일4:20, 마25:34-40) 즉, 주변 사람들과 화평을 이루는 삶을 말한다.

하지만 하나님께서는 수평적 제사(이웃 사랑의 실천)**가 없는 수직적 제사는 미워하시기 때문에**(마25:34-40, 사1:11-17), 예수 그리스도께서도 몸소 제자들의 발을 씻겨주시면서 성만찬을 통하여 우리들에게 수평적 제사의 본을 보여주시며 이를 기념하라고 하셨다.

십자가는 반드시 위에서 아래로 그리고 좌에서 우로 그을 때에 그 상이 만들어 진다. 그러므로 우리들은 구속에 대한 뜨거운 감사 속에 날마다 하나님을 찬양하고 갈구하며(시6:4-10), **예수님의 사랑을 추구하는 삶**(마22:37-40) **그 자체가 진정한 예배인 것이다.**

하나님께서는 수직적 제사(하나님과 화평)와, 수평적 제사(사람들과 화평)가 조화를 이루는 교회와 신자를 바라신다. 그러나 오늘날 한국 교회들은 수직적 제사만을 드리고 강조하는(마22:37) 교회와, 수평적 제사만 드리고 강조하는 교회로 나뉘어져 있다(마22:39).

전자의 교회는 목회자의 인간관계가 원만하지 못하여 교인의 수가 배가되지 않고 있음에도, 원인규명은 외면한 채 자가당착에 사로잡혀서 목회를 하는 교회라고 볼 수 있다. **이러한 교회의 목회자는 성령의 인도를 받아 말씀을 깨닫기 보다는 타인으로부터 들어서 알게 되고, 사람들의 가르침에 의존하여 목회를 한다**(마7:8, 15:3, 골2:8).

그러므로 마치 불교인들이 장시간 참선을 하듯 긴 시간 많은 기도를 드리지만, 정작 성령의 능력을 나타내거나 은혜로운 하나님의 말씀으로 신도들에게 믿음을 심어주지 못하여 교회가 발전을 하지 못한다.

때로는 거짓 예언을 하고(렘14:14), **자신의 말에 순종하지 않으면 화를 받을 듯 세뇌하기도 하고**(겔34:4-6), **나아가 부부지간의 사랑마저 부정하게 보고 신자들을 교회의 노무자로 묶어두려는 경향이 있다.** 따라서 이러한 교회는 무리한 일을 야기하거나 이단으로 흐르기 쉽다.

한편 후자의 교회는(수평적 제사의 교회들) 목회자가 공부를 많이 하여 교양을 쌓고 석사·박사·교수 등의 **사회적 지명도의 확보는 물론, 봉사활동을 통한 사회 각계각층 사람들과 원만한 유대관계를 가짐으로써 신도들과 주변 사람들로부터 존경을 받으며 목회를 한다.**

따라서 외형적으로는 교회가 많이 발전하지만 기도가 부족하여 성령의 능력은 나타내지 못하고서 도덕·수양·수련·캠프·훈련 등 **신자들을 혼적으로만 양성하려는 경향이 있다. 따라서 이러한 교회들은 알곡 신자들을 양산하지 못하고**(마3:12) **인본적인 교회로 흐르기 쉽다.**

성경은 먼저 말씀에 순종해(삼상15:22) 선행과 공의를 행하고(시82:3), 학대받는 이웃을 도우며(사1:12-17), 원수와 화해를 하고(마5:23-24), 이 세상보다 하나님을 더 사랑하며(마6:20-21), 신령과 진정으로 드리는 예배를 받으신다고 밝혀주고 있다(요4:24).

다시 말해서 성경은 수평적 예배가 선행되어야 하나님을 향한 수직적 예배가 온전히 드려지게 된다는 사실을 명확히 밝혀주고 있다.

즉, "나더러 주여, 주여 하는 자마다 천국에 다 들어갈 것이 아니요 다만 하늘에 계신 내 아버지의 뜻대로 행하는 자라야 들어가리라 그 날에 많은 사람이 나더러 이르되 주여, 주여 우리가 주의 이름으로 선지자 노릇하며 주의 이름으로 귀신을 쫓아내며 주의 이름으로 많은 권능을 행치 아니하였나이까 하리니, 그때에 내가 저희에게 밝히 말하되 내가 너희를 도무지 알지 못하니 불법을 행하는 자들아 내게서 떠나가라 하리라(마7:21-23)" 하여, 우리의 신앙자세를 깨우쳐주고 있다.

따라서 우리가 예배를 드릴 때는 하나님께서 우리에게 영적·육적·환경적(렘33:6) 복을 주신다는 확실한 믿음 속에서 설레는 마음으로 드려야 온전한 예배가 드려지는 것이다.

① 또 왼편에 있는 자들에게 이르시되 저주를 받은 자들아 나를 떠나 마귀와 그 사자들을 위하여 예비된 영영한 불에 들어가라, 내가 주릴 때에 너희가 먹을 것을 주지 아니하였고, **목마를 때에 마시게 하지 아니하였고, 나그네 되었을 때에 영접하지 아니하였고, 벗었을 때에 옷 입히지 아니하였고, 병들었을 때와 옥에 갇혔을 때에 돌아보지 아니하였느니라 하시니** 저희도 대답하여 가로되 주여 우리가 어느 때에 주의 주리신 것이나 목마르신 것이나 나그네 되신 것이나 벗으신 것이나 병드신 것이나 옥에 갇히신 것을 보고 공양치 아니하더이까 이에 임금이 대답하여 가라사대 내가 진실로 너희에게 이르노니 **이 지극히 작은 자 하나에게 하지 아니한 것이 곧 내게 하지 아니한 것이니라 하시리니** 저희는 영벌에, 의인들은 영생에 들어가리라 하시니라(마25:41-46).

② 아버지께서는 이렇게 자기에게 예배하는 자들을 찾으시느니라 **하나님은 영이시니 예배하는 자가 신령과 진정으로 예배할찌니라**(요 4:23-24).

● 논제(24). 믿음에 대한 명확한 분별과 조명

(답1). 온전한 믿음과, 믿음의 단계

하나님의 작정에 따라 사탄이 지배하는 이 세상에서 우리가 성령의 도움 없이 하나님을 온전히 믿는다는 것은 사실상 불가능하다는 사실을 성경은 명확히 깨우쳐주고 있다(갈5:19-21, 히4:12, 슥4:6).

우리의 믿음에 대해서 살펴보면 구약시대에는 노아, 아브라함, 기드온, 사무엘, 모세, 엘리사처럼 **하나님으로부터 직접 음성을 듣거나, 천사가 나타나서 알려주는 등으로 직접적인 체험 속에서 믿을 수 있었다.**

그리고 예수님의 공생에 때에는 예수님의 사역을 직접 보고 들으면서 믿을 수 있었고, **오순절 성령강림 후에는 사도들의 증언과 사도들에게 나타나는 성령의 능력을 직접 보고 들으며 믿을 수가 있었다.**

하지만 오늘날에는 하늘에서 불을 내리고 · 바다를 가르고 · 죽은 자를 살리고 · 옥문이 터지고 · 앉은뱅이를 일으키고 · 귀신이 소리 지르며 나가는 등의 성령 역사를 볼 수도 없거니와, 우리의 눈과 귀에 아무것도 보이지 않고 들리지 않는다. **따라서 우리가 예수 그리스도를 믿을 수 있는 확실한 직접적인 증거는 성경말씀과 기도응답 밖에는 없다.**

그런데도 오늘날 우리의 믿음이 자라는 데 핵심인 기도에 대한 설교나 기도훈련에 전력을 다하는 교회나 지도자는 찾아보기가 쉽지 않다.

우리는 이러한 현실 속에서도 하나님의 **말씀을 굳게 붙잡고서 하나님만 바라보며 기도를 통한 성령의 능력으로 사탄을 제압하고서 예수님의 빛을 나타내는 삶을 구현해야만 한다.**

하나님께서는 우리가 믿지 않는 자들과 똑 같은 조건 속에 살면서도, 누군가가 오른 뺨을 때리면 왼뺨을 들여대는 십자가의 삶을 살아가라고 말씀하고 있다는 사실을 우리는 늘 유념해야만 한다.

한편 우리의 믿음은 육적인 믿음과 영적인 믿음으로 분리할 수 있다. 육적인 믿음은 어려움을 당하면 흔들리면서 "주여 주시옵소서!" 하는 구걸적인 신앙단계라고 할 수 있고, **영적인 믿음은 성경 말씀을 읽고 듣고 깨닫는 교리적 단계를 뛰어넘어 하나님으로부터 꿈·환상·음성·말씀·마음의 확신 등의 응답을 받고 성령의 인도를 체험하며 살아가는 믿음의 단계라고 할 수가 있다**(요16:13, 빌4:6-7).

우리가 신앙생활을 하다 보면 모든 일들이 우리의 마음과는 달리 뜻대로 되지 않아 때로는 자책을 하며 신앙의 갈등을 하기도 한다. 그러나 이러한 의식세계를 뛰어넘어서 **복음이 우리의 의식과 잠재의식까지 장악하게 하여, 우리 자신 속에 하늘나라가 임하게 하는 노력과 결단이 선행되어야 비로소 온전한 신앙생활을 할 수 있게 된다.**

다시 말해 이처럼 응답을 받는 영적인 믿음은 우리 자신이 복음 속으로 깊이 들어가 죄와 사탄의 종의 신분이었던 과거의 신분을 빛의 자녀로 스스로 변화시켜, **자신의 과거·가문의 저주·성장배경·질고·실패·현재의 고난 등을 응답의 발판으로 삼는 믿음을 말한다.**

다만 이러한 믿음을 소유하는 것은 우리의 힘과 노력만으로는 되지 않고, 오직 하늘로부터 와지는 힘인 성령의 능력으로만 가능하다는 사실을 성경은 밝혀주고 있다(롬1:17, 엡1:17-19, 히4:12, 슥4:6).

따라서 우리는 성령의 충만을 받기 위해 하나님의 언약의 말씀인 복음을 굳게 붙잡고 감사와 찬양 속에서 성경말씀 연구는 물론 하나님을 향한 명상과 기도와 간구에 전력을 다해야만 한다.

결론적으로 우리가 하나님의 작정에 따라 존재하는 이 세상의 임금인 사탄을 대적하고 승리의 삶을 구현하려면(눅10:19, 요일5:18), 다윗 왕처럼 하나님의 말씀을 굳게 붙잡고, **구속에 대한 뜨거운 감사 속에서 현재의 모든 고난을 기도와 찬양을 통한 성령의 능력으로 극복해, 예수 그리스도의 복음을 누리는 삶을 살아가야만 한다.**

이처럼 하나님의 은혜로 말미암아 하늘로부터 와지는 믿음을 소유한 사람들은 ①하나님께서 만세 전 이 땅의 기초를 놓기 전에 택정하셨을 뿐만 아니라(잠8:23, 렘1:5), ②예수 그리스도께서 마귀의 자손이었던 우리를 스스로 직접 피 흘리시어 죄를 속량하시고서 당신의 자녀로 삼아주셨다. 따라서 우리는 이러한 하나님의 은혜를 마음 깊이 되새기고 늘 감사하는 삶을 살아야만 한다(롬8:1-2, 요1:12, 시100:4).

만약 우리가 이렇게만 되면, ①이 세상 끝 날까지 하나님께서 선두에서 보호하시며 이끌어 주실 뿐 아니라(미2:13, 마28:20, 슥4:6, 시48:14), ②원수 사탄의 모든 능력을 제어할 수 있는 권세까지 주시고(눅10:19), ③물과 불이 침범하지 못하도록 보호하신다고 약속하고 있다(사43:2).

그리고 이러한 자들은 하나님께서 특별히 선택하신 축복을 받은 자들이기 때문에(창12:1-3), 이에 대한 감격 속에서 예수 그리스도의 사랑을 실천하는 십자가의 삶을 살아갈 수 있게 된다.

① 복음에는 하나님의 의가 나타나서 믿음으로 믿음에 이르게 하나니 기록된바 오직 의인은 믿음으로 말미암아 살리라 함과 같으니라(롬 1:17).

② 그가 내게 일러 가로되 여호와께서 스룹바벨에게 하신 말씀이 이러하니라 만군의 여호와께서 말씀하시되 이는 힘으로 되지 아니하며 능으로 되지 아니하고 오직 나의 신으로 되느니라(슥4:6).

③ 내가 너희에게 뱀과 전갈을 밟으며 원수의 모든 능력을 제어할 권세를 주었으니 너희를 해할 자가 결단코 없으리라(눅10:19).

④ 이 하나님은 영영히 우리 하나님이시니 우리를 죽을 때까지 인도하시리로다(시48:14).

⑤ 내가 너희에게 분부한 모든 것을 가르쳐 지키게 하라 볼찌어다 내가 세상 끝 날까지 너희와 항상 함께 있으리라 하시니라(마28:20).

(답2). 행함이 수반되지 않으면 온전한 믿음이 아니다.

베드로가 "주는 그리스도요 살아계신 하나님의 아들이다"는 신앙 고백을 드린 말씀에 따라 마치 복음만 알고 누리면 그리스도의 정체성인 **의와·사랑과·능력을 추구하지 않아도 되는** 냥 주장하는 자들이 있다(유 광수 목사의 제자). **하지만 이는 성경에 배치되는 잘못된 신앙이다.**

예수 그리스도는 의와(율법)·사랑과(박애)·능력의(신비) 대명사이고, 복음의 참모습은 이러한 것들로써 **이웃 사랑의 실천과 구제를 외면하는 것은 주의 뜻을 거역하는 것이다**(마25:41-46, 약2:16-18). **다만 이는 반드시 영혼 구원을 위해서 수반되어져야만 한다**(고전13:3).

진정한 선과·의와·사랑의 실현은 흑암 속에 갇혀 있는 자들의 의식을 깨뜨리고 들어가서 그들의 잠재의식 속에 **그리스도의 빛을 심어주어 확실히 자리 잡게 하는 것이고, 이것이야말로 진정한 복음전파이다.**

즉, 의와 사랑과 능력의 추구를 주인이신 예수 그리스도보다 우선시 하는 것은 잘못이지만, **복음 사역을 위해 수반되는 육신 구원도 자신의 몸을 돌보듯 돌봐야 하는 것이 전체 성경에 부합되고 이렇게 생활하는 것이 진정한 하나님의 뜻이다**(마22:37-39).

① 너희 중에 누구든지 그에게 이르되 평안히 가라, 더웁게 하라, 배부르 게 하라 하며 **그 몸에 쓸 것을 주지 아니하면 무슨 이익이 있으리요**(약 2:16).
② 저희도 대답하여 가로되 주여 우리가 어느 때에 주의 주리신 것이나 목마르신 것이나 나그네 되신 것이나 벗으신 것이나 병드신 것이나 옥에 갇히신 것을 보고 공양치 아니하더이까 이에 임금이 대답하여 가라사대 내가 진실로 너희에게 이르노니 **이 지극히 작은 자 하나에게 하지 아니한 것이 곧 내게 하지 아니한 것이니라**(마25:44-45).

● 논제(25). 기도와 기도응답에 대한 분별과 조명

(답1). 기도에 대한 올바른 분별

우리 인간이 시조 아담의 불신앙으로 인해(창3:15) 하나님으로부터 유전 받은 형벌은 영이 죽고 사탄의 종이 되어 고난의 삶을 살다가 필경 흙으로 돌아가게 한 것이다. **따라서 기독교 신자는 반드시 공부 · 일 · 봉사 · 기도 · 전도 등의 수고를 해야만 하는데, 이 중에서도 기도와 전도가 가장 어렵고 힘이 드는 게 사실이다.**

그러나 우리의 육체가 숨을 쉬지 못하면 죽게 되듯이 기독신자가 기도를 하지 않으면 성령의 능력을 덧입을 수 없어, 사탄과의 싸움에서 승리할 수 없을 뿐만 아니라 진정으로 복음을 누릴 수 없게 된다.

다시 강조해서 말을 하면 기도는 영적 호흡일 뿐 아니라 우리를 하늘나라로 이끄는 원심력이라고 할 수가 있다. 따라서 기독신자의 신앙생활의 성공여부는 기도에 달려있다고 해도 틀린 말이 아니다.

그럼에도 불구하고 오늘날 교회의 지도자들은 앞으로 닥쳐올 환난에 대비하기 위한 **기도훈련의 가르침과 훈련은 등한시 하고서, 설교와 찬양에만 치중하여 사역을 하는 것 같이 보여 심히 안타깝다.**

물론 찬양도 곡조가 있는 기도인 것이 맡다. 그러나 우리가 기도와 기도훈련을 강화하지 않는다면, 우리의 삶 속에서 곤고한 상황이나 삶의 위기가 닥쳐왔을 때 정작 기도를 드리려고 해도 기도가 온전히 드려지지 않게 되어 하나님의 도움을 받을 수가 없게 된다.

오늘날 한국 교회들은 유형적으로는 많은 성장을 기했다고 하지만 기도운동의 부족으로 영적 성장을 기하지 못하고 있을 뿐만 아니라, 기도를 통한 성령의 능력으로 흑암을 물리치고 예수 그리스도의 빛을 나타내는 교회는 그리 많지 않은 게 사실이다(눅18:8).

따라서 수요 기도회와 금요 철야기도회는 반드시 예배의 인도자가 **단상에서 신도들과 함께 최소 30분 이상의 찬양과 30분 이상의 통성 기도를 드림으로써, 신자들에게 기도훈련이 되도록 해야만 한다.**

만약 교회의 사역자가 이렇게만 치리하신다면 사도행전에 나타난 성령의 능력이 오늘날에도 나타나게 될 것이라 믿어 의심치 않는다. **즉, 말씀을 듣고 · 깨닫고 · 아는 것에 머무는 신자는 사탄과의 싸움에서 승리할 수 없을 뿐만 아니라, 인위적인 참선 · 교육 · 훈련 · 수련 · 자선 · 노력만으로는 하나님의 뜻을 좇아서 살아갈 수가 없다.**

예수님께서도 이 땅에서 사역을 하실 때 제자들을 늦은 밤 산으로 데리고 가서 기도훈련을 시키셨을 뿐만 아니라(마26:38-41), 성경은 교회가 만민의 기도 하는 집이라 하셨고(사56:7), **부르짖고 기도하면 반드시 들으시고**(렘29:12-13, 시102:17), **우리가 알지 못하는 크고 비밀한 것까지 보여주시겠다고 언약하고 있다**(렘33:3).

따라서 ①야곱은 얍복강 가에서 400인의 군사를 몰고 달려오는 '에서'의 복수전을 앞에 놓고 지푸라기라도 잡는 심정으로 지나가는 사람으로 보인 **천사를 부여잡고 환도 뼈가 부러지기까지 씨름하여 마침내 형 에서와 화해를 하게 되었으며**(창32:25-26), ②한나는 브닌나의 학대에 따른 고통으로 통곡의 기도를 드림으로써 **이스라엘 백성의 영원한 선지자인 사무엘을 얻게 되었을 뿐만 아니라**(삼상1:6-10),

③다윗 왕은 하나님께 버림받은 사울 왕이 왕위를 지키려는 계책에 따른 극심한 압제를 오직 하나님만 바라보고서 극복한 사람임에도 불고하고, 순간 욕정에 이끌려 우리아의 아내 밧세바로 더불어 범죄 하고 말았었지만 **나단 선지자의 질책을 받고서 철저한 회개 기도를 드림으로써 대표적인 하나님의 사람이 되었고**(시51:1-15),

④히스기야 왕은 생명의 연장을 위해 얼굴을 벽을 향하고서 심한 통곡의 기도를 드림으로써 15년 생명의 연장을 받았으며(사38:2-3),

⑤예수님께서도 수시로 한적한 곳에 가서 기도를 드렸을 뿐만 아니라 (눅5:16), 십자가의 고난을 앞에 놓고서는 감람산에 올라가 땀이 변하여 핏방울 같이 되도록 간절히 기도를 드림으로써, 하나님의 아들임과 동시에 100% 인간으로서의 본을 보여 주셨다(눅22:39-44).

즉, 이처럼 우리가 진퇴양난에 처했을 때에 생명을 내건 기도를 드리게 되면, 하나님께서는 음성·환상·꿈·말씀·마음의 확신·현실로 나타남 등으로 즉시 응답하신다는 사실을 알 수가 있다(히13:8).

하지만 이러한 기도를 드린다는 것은 쉽지 않을 뿐만 아니라 이는 성령이 함께 하셔야만 가능하게 된다(슥4:6, 눅22:43). 따라서 우리는 성령이 구원의 그날까지 함께 하도록(마28:20, 시48:14), 성경 말씀의 연구는 물론 기도와 간구에 전심전력을 다해야 한다(시51:10-14).

우리가 이 세상에서 신앙생활을 하다보면 한 두 번은 삶의 위기를 맞을 수도 있다. 그것이 경제적 파탄일 수도 있고, 자녀 문제일 수도 있고, 사랑하는 사람과 이별일 수도 있고, 모든 상황이 우리의 뜻과는 다르게 전개되어 생사를 논할 정도로 위기에 봉착될 수도 있다.

즉, 뒤 따르는 시련이 심각한 명예의 실추일 수도 있고, 다윗 왕처럼 도피생활일 수도 있고, 요셉처럼 교도소행일 수도 있고, 스데반처럼 죽음일 수도 있다. 그리고 이러한 상황에서는 기도도 드려지지 않을 뿐 아니라, 우리의 믿음도 흔들리게 되는 것이 사실이다.

그러나 피할 수 없는 일이라면 죽음의 고통도 감내하며, 모든 시련과 맞부딪혀 싸워 나아가야만 한다. 의로운 일이 아니고 우리 자신의 실수에 따른 고난이라 할지라도 결코 믿음을 포기해서는 아니 된다.

성경은 3(하늘의 수)×4(땅의 수)=12(예수님의 12제자)나, 4(땅의 수)×3(하늘의 수)=12(이스라엘 12지파)나, 12라는 결정체는 같다는 사실을 밝혀주고 있다. 즉, 엘리아처럼 하늘로부터 이끌린 자나, 살인을 하고 미디안에서 도피생활을 했던 모세나 똑 같이 함께 하신다.

하나님께서는 우리의 행위를 보고 구원하시는 게 아니라 십자가 오른편의 강도처럼 믿으면 즉시 구원해주신다(눅23:43).

알파와 오메가며 처음과 나중이신 하나님께서는 이제도 있고 전에도 있었고 장차 오실 자요 전능한 자이시지만(계1:8), 당신의 작정에 따라 범사가 반드시 기한이 있고, 모든 목적이 그 이룰 때가 있어(전3:1-5), 우리의 기도를 즉시 들으시지 않을 수도 있다.

따라서 다윗 왕은 "내 하나님이여 내 하나님이여 어찌 나를 버리셨나이까? 어찌 나를 멀리하여 돕지 아니 하옵시며 내 신음하는 소리를 듣지 아니 하시나이까? 내 하나님이여 내가 낮에도 부르짖고 밤에도 잠잠치 아니하오나 응답지 아니하시나이다. 이스라엘의 찬송 중에 거하시는 주여 주는 거룩하시니이다. 우리 열조가 주께 의뢰하였으므로 저희를 건지셨나이다. 저희가 주께 부르짖어 구원을 얻고 주께 의뢰하여 수치를 당치 아니하였나이다. 나는 벌레요 사람이 아니라 사람의 훼방거리요 백성의 조롱거리니이다. 나를 보는 자는 다 비웃으며 입술을 비쭉이고 머리를 흔들며 말하되 저가 여호와께 의탁하니 구원하실걸, 저를 기뻐하시니 건지실 걸 하나이다(시22:1-9)" 하면서 애원했었다.

즉, 우리는 기도 응답도 하나님의 주관 하에 있음을 유념하고서, 모든 것을 하나님께 맡기고 기도해야 한다(빌4:6-7). 머리털까지 세시는 하나님께서 항상 살피고 계시기에(마10:30) 우리의 실수에 따른 환난일지라도 때가 되면 반드시 건져주실 것이다(눅18:8, 시50:15).

한편 기도응답에 대해서 성경을 살펴보면 기도응답은 ①때로는 꿈 · 환상 · 음성 등으로 직접 응답하기도 하고, ②때로는 마음의 확신과 깨달음으로 오기도 하고(빌4:6-7), ③때로는 통역이 되는 방언으로 터져 나오기도 하고, ③때로는 갑자기 예언의 말로 터져 나오기도 하고, ④간절히 기도들 드린 후에 믿고 사모하고 기다리면, 예시 없이 현실로 성취되어 나타나기도 한다는 사실을 알 수가 있다(히11:1-2).

그리고 하나님께서는 우리의 기도를 대부분 말씀과·깨달음과·마음의 확신 등으로 응답하시지만(요16:13, 빌2:13, 4:6-7), **때로는 음성과 환상 등으로 직접 응답할 때도 있는데 이때는 머리가 주뼛하는 전율이 함께 하기도 한다.** 하박국 선지자는 하나님의 응답을 받을 때 창자가 흔들리고 입술이 떨렸다고 했고(합3:16), 욥은 하나님의 영이 나타날 때에 뼈마디가 흔들리고 몸의 털이 주뼛했다고 했다(욥4:12-15).

그러나 이 세상의 목적에 따른 명예와 부를 위한 기도는 타 종교인들이 참선하듯 긴 시간을 전신의 힘으로 부르짖어도 하나님께서 들으시지 않는다. 거룩하신 하나님께 드리는 기도는 하나님의 뜻과 하늘나라의 임함에 목적을 두고서 순결한 몸과 마음으로 드려져야만 한다.

하나님께서는 창세기 3장의 불순종으로 인해 사탄의 종이 된 우리를 친히 십자가의 보혈로 속량하시고서(롬8:1-2) 당신의 자녀로 원상회복 시켜주셨다(요1:12). **따라서 우리는 이에 대한 뜨거운 감사 속에서 하나님의 뜻을 먼저 구하고 난 후에 자신의 애환을 호소해야만 한다.**

솔로몬 왕이 일천 번제를 드린 후, 부와 귀가 아닌 나라를 잘 다스릴 수 있는 지혜를 구했던 사실을 우리는 마음 깊이 되새겨야만 할 것이다.

하나님께서는 **"그 밤낮 부르짖는 택하신 자들의 원한을 풀어 주지 아니하시겠느냐 내가 너희에게 이르노니 속히 그 원한을 풀어 주시리라**(눅18:7-8)" 말씀하시며 우리에게 진정어린 기도를 강조하고 있다.

① 나 여호와가 말하노라 너희를 향한 나의 생각은 내가 아나니 재앙이 아니라 곧 평안이요 너희 장래에 소망을 주려하는 생각이라 너희는 **내게 부르짖으며 와서 내게 기도하면 내가 너희를 들을 것이요 너희가 전심으로 나를 찾고 찾으면 나를 만나리라**(렘29:11-13).

② 그러므로 내가 너희에게 말하노니 **무엇이든지 기도하고 구하는 것은 받은 줄로 믿으라 그리하면 너희에게 그대로 되리라**(막11:24).

(답2). 야곱의 하나님에서 숨겨진 계시

야곱이란 이름은 '속이는 자'란 뜻임에도 성경에서 매우 중요하게 다루고 있어 그 의미하는 바가 크다 하지 않을 수 없다. 즉, 성경은 여러 번 야곱의 이름을 상기시키고 있을 뿐 만 아니라, 야곱의 자손들이 동서남북과 땅 끝에서 오게 하신다고 예언을 하고 있다(사43:5-7).

이는 육적으로는 야곱의 자손으로 오신 예수 그리스도를 영접한 사람들이 세계 곳곳에서 바다 모래알 같이 산재할 것을 예시하는 것이며, 언약을 어김으로 인해 사탄의 압제 하에 떨어진 우리 인간들을(창3:15), 영적 아브라함의 자손인 예수 그리스도의 십자가 대속을 통해서 구원을 하시겠다는 언약의 말씀인 것이다(시105:10).

즉, 야곱은 아버지를 간교하게 속이고서 도피생활을 했었고, 버드나무 껍질을 이용한 심리전술로 얼룩지고 점 있는 양들을 자기 것으로 만드는 등 안간힘을 써가며 역경을 헤쳐나갔으나, 형 '에서'의 복수전 앞에서 죽을 위기를 겪기까지 했었다(창32:6). 따라서 야곱은 고통의 삶을 살아가는 우리 인간들의 삶의 표상이라 할 수가 있다.

그러나 야곱은 하나님께서 만유의 주재인 것을 알고서 아버지를 속여 가면서까지 하나님의 축복을 갈구하여(창27:19) 하나님으로부터 직접 언약을 받아낸 믿음의 사람일 뿐 아니라(창28:10-15, 대상16:17), 진퇴양난의 순간에 목숨을 건 기도혈투를 통하여 자신의 애한을 호소함으로 하나님으로부터 하나님과 겨루어 이겼다는 뜻인 이스라엘이란 칭호를 받아냈었던 기도의 사람이라는 사실을 우리는 우리의 가슴 깊이 각인시켜야만 한다(창28:16-18).

하나님께서는 사람들이 보기에는 허물 많은 사람일지라도, 언약의 복음을 굳게 붙잡고 기도를 통해 자기 자신의 인생캠프에 성령의 불을 밝히는 자와 함께 하신다는 사실을 성경은 나타내주고 있다.

성경에서 예수 그리스도를 아브라함과 다윗의 자손으로 표현할 정도로 하나님으로부터 대표적 축복을 받은 다윗 왕도, 어려움을 당할 때에 30여 번 이상 야곱의 언약을 상기하면서 기도를 했었다.

성경에서 이처럼 야곱이란 이름을 중요시하여 나타내주고 있는 것은 야곱은 믿음의 사람으로서, 인간이면 누구나 겪을 수밖에 없는 온갖 삶의 시련을 오직 하나님만 바라보고 **기도로 극복하고서 정금같이 나온 사람들 중에서 대표적인 인물이기 때문이다.**

따라서 이는 이스라엘(승리자)이란 이름의 뜻이 나타내듯 우리는 야곱처럼 하나님의 작정에 따라 존재하는 사탄의 사역을, 기도혈투와 성령의 능력으로 물리치고서 승리의 삶을 구현해내야만 한다는 사실을 우리들에게 교훈하고 있는 말씀이다.

① 후에 나온 아우는 손으로 에서의 발꿈치를 잡았으므로 그 이름을 **야곱이라 하였으며** 리브가가 그들을 낳을 때에 이삭이 육십세이었더라(창25:26).

② 야곱이 아비에게 대답하되 나는 아버지의 맏아들 에서로소이다 아버지께서 내게 명하신 대로 내가 하였사오니 청컨대 일어나 앉아서 내 사냥한 고기를 잡수시고 아버지의 마음껏 내게 축복하소서(창27:19).

③ 야곱은 홀로 남았더니 어떤 사람이 날이 새도록 야곱과 씨름하다가 **그 사람이 자기가 야곱을 이기지 못함을 보고 야곱의 환도뼈를 치매 야곱의 환도뼈가 그 사람과 씨름할 때에 위골되었더라** 그 사람이 가로되 날이 새려하니 나로 가게 하라 야곱이 가로되 당신이 내게 축복하지 아니하면 가게 하지 아니하겠나이다(중략) **그 사람이 가로되 네 이름을 다시는 야곱이라 부를 것이 아니요 이스라엘이라 부를 것이니**(창32:24-30).

(답3). 부름 받은 종의 사역현장의 기도는 천지를 진동시킨다.

성경을 살펴보면 하나님께 부름 받은 종이 사역현장에서 기도할 때는 천지를 진동시키기까지 하며 응답하신다는 사실을 알 수가 있다.

즉, ①기드온은 하나님의 부르심에 대한 확신을 얻기 위해 타작마당에 솜뭉치를 놓고서 솜뭉치에만 이슬이 내리고 주변에는 이슬이 내리지 않게 해달라고 기도하자 하나님께서 그대로 응답하셨고(삿6:37-38),

②이스라엘민족이 출애굽 할 때 뒤에는 애굽의 군대가 뒤쫓아 오고 앞에는 홍해바다가 가로 막고 있는 상황에서, 혼연일체로 부르짖자 하나님께서 강한 바람으로 홍해를 가르셨으며(출14:21-29),

③이스라엘 민족이 아모리 족속과 싸울 때에 여호수아가 태양과 달을 그 자리에 멈추게 해달라고 기도하자 하나님께서 즉시 응답하셨고, ④이스라엘의 히스기야 왕이 병들어 죽게 되었을 때 낯을 벽으로 향하고 통곡하며 하나님께 간절히 기도하자 그 수한을 15년 연장해 주시고서 응답의 징표로 아하스 일영표의 해 그림자를 10도 정도 뒤로 물리셨던 사실을 우리는 성경에서 찾아볼 수가 있다(수10:12-14, 왕하20:11).

성경에 나타나고 있는 이러한 사건들을 오늘날 과학적으로 살펴보면 지구의 자전을 멈추게 한 사건이고, 지구를 역으로 돌게 하신 도저히 믿기지 않는 엄청난 사건이란 사실을 우리는 깨달을 수가 있다

⑤즉, 오순절 성령강림 후에, '아나니아'와 '삽비라' 부부는 성령의 능력이 나타나고 있는 현장에서 사도 베드로와 사람들을 속이려들다가 사도 베드로의 지적을 받고 즉시 혼이 떠나 죽었을 뿐 아니라(행5:1-10), ⑥'드로가'라는 죽은 여자 제자를 향하여 사도 베드로가 기도하자 그녀가 다시 살아났으며(행9:36-41), ⑦옥에 갇혀 있는 사도 베드로를 위해 동료 신도들이 합심으로 기도를 드리자 하나님께서 옥문을 터지게 하여 사도 베드로를 즉시 탈출시키셨다(행12:5-16).

구약 시대는 물론 초대교회까지 있었던 이러한 성령역사는 드물기는 하지만 오늘날에도 나타나고 있다. 본 저자도 약 45년 전 '용문산기도원' 산상부흥회에서 **하나님의 능력의 종이 불법을 행하는 자들을 향하여 즉시 회개하지 않으면 죽게 된다고 단상에서 저주를 하자 이를 외면하던 자들이 3일 내로 죽게 되었다는 사실을 인지하게 된 적이 있다.**

성경 속에 나타나고 있는 이러한 여러 가지 여호와 하나님의 특별한 사역들은, 오늘날에도 성령에 이끌려 여호와 하나님으로부터 부르심을 **받은 당신의 종들이 복음사역 현장에서 간절히 기도드릴 경우에는 천지를 진동시키기까지 하며 하나님께서 즉시 응답하실 수도 있다는 사실을 우리들에게 명확히 깨우쳐주고 있다.**

한편 '조지뮬러'라는 기독신자는 그가 출판한 책에서 5만 번 기도 응답을 받았다고 한다. 다시 말해서 하나님께서는 어제나 오늘이나 영원토록 동일하게 역사하신다는 사실을 깨달을 수 있다(히13:8).

① 여호와께서 아모리 사람을 이스라엘 자손에게 붙이시던 날에 여호수아가 여호와께 고하되 이스라엘 목전에서 가로되 태양아 너는 기브온 위에 머무르라 달아 너도 아얄론 골짜기에 그리할찌어다 하매 **태양이 머물고 달이 그치기를 백성이 그 대적에게 원수를 갚도록 하였느니라** (중략) 여호와께서 사람의 목소리를 들으신 이 같은 날은 전에도 없었고 후에도 없었나니(수10:10-12).

② 내가 네 날을 십 오년을 더할것이며 내가 너와 이 성을 앗수르 **왕의 손에서 구원하고** 내가 나를 위하고 또 내 종 다윗을 위하므로 이 성을 보호하리라 하셨다 하라 하셨더라(중략) 왕에게 한 징조가 임하리이다 해 그림자가 십도를 나아갈 것이니이까 **선지자 이사야가 여호와께 간구하매 아하스의 일영표 위에 나아갔던 해 그림자로 십도를 물러가게 하셨더라**(왕하20:6-11).

(답4). 응답받는 기도의 분별

가. 성경말씀을 온전히 붙잡고 기도해야 한다.

전지전능하신 하나님께서는(욥37:23, 겔37:10) 과거·현재·미래에 동일하게 역사하실 뿐 아니라(히13:8), 죄의 문제는 하나님의 공의에 따라 '피 제사'로만 해결될 수 있다(출12:13, 레17:11, 히9:22).
그러므로 ①우리는 예수 그리스도께서 친히 피 흘리시어 사신(사53:5) 하나님의 아들이라는 사실과(요1:12), ②예수 그리스도만이 우리 인간들의 모든 문제를 해결할 수 있다는 사실과(골2:3, 히4:12),
③하나님께서는 우리가 질병을 치료받고(출15:26, 호6:1), ④이 땅에서도 잘되길 원하시며(요삼1:2, 요10:10), ⑤이 세상 끝 날까지 함께 하시며 보호하신다는 사실과(마28:20, 히1:14), ⑥예수 그리스도를 영접한 사람들에게는 뱀과 전갈을 밟으며 원수의 모든 능력을 제어할 수 있는 권능까지 주셨다는 언약의 말씀을(눅10:19), 굳게 붙잡고서 애절하게 기도할 때 응답하시게 되는 것이다(렘29:12-13).

① 그러므로 내가 너희에게 분부한 모든 것을 가르쳐 지키게 하라 볼찌어다 내가 세상 끝 날까지 너희와 항상 함께 있으리라 하시니라 (마28:19-20)
② 하나님의 말씀은 살아 있고 활력이 있어 좌우에 날선 어떤 검보다도 예리하여 혼과 영과 및 관절과 골수를 찔러 쪼개기까지 하며 또 마음의 생각과 뜻을 판단하나니(히4:12).
③ 그들로 마음에 위안을 받고 사랑 안에서 연합하여 확실한 이해의 모든 풍성함과 하나님의 비밀인 그리스도를 깨닫게 하려 함이니 그 안에는 지혜와 지식의 모든 보화가 감추어져 있느니라(골2:2-3).

나. 감사와 찬양 및 속에서 기도해야 한다.

 다윗 왕은 하나님만 바라보며 감사의 찬양을 쉬지 않았다(시135:3).
즉, 우리는 ①선악과 사건으로 인해서 마귀의 자식이 된 우리를(요8:44)
구속해(엡1:13, 롬8:1-2), ②당신의 자녀로 삼아주셨을 뿐 아니라(요
1:12), ③원수 사탄을 제압할 권세까지 주시고서(눅10:19), 이 세상
끝 날까지 지켜주시는 **하나님의 은혜에 대한 뜨거운 감사 속에 진심어린
마음으로 기도를 드려야 하는 것이다**(마28:20, 미2:13).

① 감사로 제사를 드리는 자가 나를 영화롭게 하나니 그 행위를 옳게
   하는 자에게 내가 하나님의 구원을 보이리라(시50:23).

다. 한두 가지 소원을 두고서 사력을 다해 기도해야 한다.

 하나님께서는 고통 속에서 목숨을 걸고 드리는 기도는 즉시 응답하신
다는 사실을 알 수 있다. 즉, ①브엘세바 광야에서 아들 이스마엘이
죽어 가는 모습을 차마 바라볼 수가 없어 대성통곡하며 울부짖던 하갈의
호소와(창21:16-18), ②애굽에서 강제노역으로 고통당하던 이스라엘
백성들의 울부짖음과(출2:24), ③소돔에서 음란으로 고통당하던 롯의
기도와(벧후2:7), ④신앙의 지조를 지키기 위해 풀무불도 마다하지
않은 사드락과 메삭과 아벳느고의 기도 등을 즉시 들으셨다(단3:26).
따라서 한두 가지 소원을 갖고서 간절하게 구하되(빌2:13, 히5:7),
①**백부장과**(마8:5-13), ②**수로보니게 여인과**(막7:25-30), ③**불의한
재판관에게 끈질기게 부르짖은 과부처럼**(눅18:1-8) 사력을 다해서
기도를 드려야만 한다. **하나님께서는 통곡의 기도와 눈물의 간구를
반드시 받으신다고 약속을 하고 있다**(왕하20:5-11, 시34:15-17).

라. 수시로 회개하면서 먼저 하나님의 뜻을 구해야만 한다.

사탄이 주관하는 이 세상에서는 인간은 누구나 수시로 범죄를 할수밖에 없는 존재이다. 즉, 하나님께서 마음에 합한 자라고 말씀하신 다윗 왕도(행13:22) 밧세바로 더불어 간음과 살인까지 했을 뿐 아니라 (삼하11:2-24), 부지중에 자만을 하여 인구조사를 했다가 자신의 백성 칠만 명을 온역으로 잃었다(삼하24:1-16, 대상21:1).

즉, 인간은 순간 분내기도 하고, 실수하기도 하고, 다투기도 하고, 남을 판단하기도 하고, 거짓말하기도 하고, 미워하기도 한다. 이는 아담 으로부터 유전 받은 육의 압제 하에 살아가기 때문이다. 그러나 성경은 이 모든 것이 죄라고 밝혀주고 있다(갈5:19-21, 롬1:29-32).

따라서 우리는 기도할 때 자신을 되돌아보며 회개부터 해야만 한다. 성경은 우리의 기도가 하나님께 즉시 상달되지 못하는 이유를 하나님과 우리 사이에 죄악의 담이 가로막혀 있기 때문이라 하셨다(사59:1-3).

하나님께서는 제사보다 자비를 원하시기 때문에(마12:7), 육적인 사람 들의(갈5:19-21) 세상적인 욕구를 위한 기도는 설사 금식기도라 할지 라도 들으시지 않는다는 사실을 깨달아야만 한다(약4:3).

그러므로 우리가 혹 주변 사람과 원수를 맺거나 맺혀있는 것이 있다면, 먼저 이 문제부터 회개를 한 후(마5:23-24), 하나님의 긍휼을 옷 입고 기도를 드려야만 한다(골3:12-14). 무엇보다 양심을 지키고(딤전4:2) 의를 행하여(시50:23), 하나님의 마음에 합한 자가 되도록 늘 자신을 갱신하는 삶을 견지하면서 기도를 드려야 한다(행13:22-23).

① 나는 자비를 원하고 제사를 원치 아니하노라 하신 뜻을 너희가 알았더면 무죄한 자를 죄로 정치 아니하였으리라(마12:7).
② 구하여도 받지 못함은 정욕으로 쓰려고 잘못 구함이니라(약4:3).

● 논제(26). 하나님의 뜻에 부합되는 전도의 방법은?

(답). 성령의 능력과 하나님의 증거를 갖고서 전해야 한다.

　우리의 구원자이신 예수 그리스도께서는 승천하시기 전에 제자들에게 당부하시기를 ①너희에게 성령이 임하시면, ②너희가 권능을 받은 후에 ③그 다음으로 그리스도의 증인이 되라고 말씀하셨다(행1:8).
　따라서 우리가 이러한 예수 그리스도의의 당부를 실천하기 위해서 전도 현장을 갈 때는 반드시 충분한 기도와 자신 속에 내제된 하나님의 말씀이 술술 나오도록 **충분한 연습과 훈련을 하고 나서, 그 다음에 ①하나님의 말씀과 ②성령의 권능과 ③우리 자신에게 하나님께서 함께 하시는 명확한 증거를 갖고 전도 현장을 가야만 하는 것이다.**
　다시 말하면 성령의 나타남과 성령의 능력 없이 전하는 것은 진정한 믿음을 심어 줄 수가 없을 뿐만 아니라, 단순히 종교인의 수만 배가 시키는 일에 지나지 않는다. 따라서 이는 옳은 전도라고 할 수가 없다.
　사도 바울은 하나님의 나라는 말에 있지 않고 오직 능력에 있다고 하였고(고전4:20), **말과 전도함이 지혜의 권하는 말로 하지 않고 성령의 나타남과 능력으로 하여, 우리의 믿음이 사람의 지혜에 있지 아니하고 하나님의 능력에 있게 하려한다고** 말씀하였다(고전2:4-5).
　그러므로 우리가 이 세상의 임금인 사탄의 종이 된 사람들을(요8:44) 하나님의 자녀로 원상회복시키기 위한 전도를 할 경우는(요1:12), **먼저 성령 충만을 받고서 사탄과 싸워 이겨야만 하는 것이다.**
　다시 말해서 기도와 말씀으로 무장도 하지 않고 급히 화장실에 가야할 상황에 처해 있거나, **선약에 따라 곧장 움직여야 할 사람들을 무례하게 붙잡고 무조건 교회를 나오라며 강권하는 식의 전도방법은 잘못된 것일 뿐 아니라 이는 성경말씀에 반하는 것이다.**

즉, 오늘날 많은 사람들의 마음속에는 ①정말 하나님이 살아 계실까? ②과연 천국과 지옥이 과연 있는 것인가? 하는 의문을 갖고 있다. **따라서 우리가 전도 현장을 갈 때는 성경말씀으로 이러한 의혹부터 해소시킨 후에, 성경 말씀으로 하나님의 능력과 자신에게 역사하신 증거를 보여주는 것이 가장 옳은 전도인 것이다**(행4:30-31).

한편 우리가 전도의 방향을 정할 때에도 사도 바울이 갈라디아를 거쳐 비두니아로 가려고 애를 썼지만 밤에 "마게도냐 사람 하나가 서서 건너와 우리를 도우라 하는 **환상**"을 보고 마게도냐로 건너 간 **사도 바울처럼, 전도도 자신의 계획에 따르지 않고 반드시 성령의 인도를 받아서 그 장소도 정해야만 한다**(행16:6-10).

① **오직 성령이 너희에게 임하시면 너희가 권능을 받고** 예루살렘과 온 유대와 사마리아와 땅 끝까지 이르러 내 증인이 되리라 하시니라 (행1:8).

② 내 말과 내 전도함이 지혜의 권하는 말로 하지 아니하고 다만 성령의 나타남과 능력으로 하여 **너희 믿음이 사람의 지혜에 있지 아니하고 다만 하나님의 능력에 있게 하려 하였노라**(고전2:4-5).

③ 손을 내밀어 병을 낫게 하옵시고 표적과 기사가 거룩한 종 예수의 이름으로 이루어지게 하옵소서 하더라 빌기를 다하매 모인 곳이 진동하더니 무리가 다 성령이 충만하여 담대히 하나님의 말씀을 전하니라, **믿는 무리가 한 마음과 한 뜻이 되어 모든 물건을 서로 통용하고 제 재물을 조금이라도 제 것이라 하는 이가 하나도 없더라** (행4:30-32).

④ 너희는 너희 아비 마귀에게서 났으니 너희 아비의 욕심을 너희도 행하고자 하느니라(중략), **이는 저가 거짓말장이요 거짓의 아비가 되었음이니라**(요8:44).

● 논제(27). 은사와 계시에 대한 명확한 분별과 조명

(답). 성령은 문제의 해결을, 사탄은 더욱 난관을 가져다준다.

오늘날 많은 기독교 지도자들은 평신도들이 하나님께 은사를 받고서 성령의 능력을 나타내게 되면, **영적으로 양육시키지 못하고 오히려 신비주의나 이단시하여 제어하고 있는 실정을 가끔 보게 된다.**

그러나 우리가 성령의 능력을 덧입지 못하면 원수를 사랑할 수도 없을 뿐 아니라, **아담으로부터 유전된 우리의 성정이 바뀌지 않아 온전히 하나님의 뜻을 좇아서 살아갈 수가 없다**(갈5:19-21, 롬1:29-31).

은사는 보통은 아홉 가지로 나타나지만(고전12:8-10), 환상(행18:8), 음성(행9:4)·투시(행5:3-6)·축지(행8:39-40)·옥문이 열림(행5:19-23, 12:7-10)·죽은 자를 살리는(행20:9-12) 등의 초능력이 따르기도 한다는 사실을 성경에서 우리는 찾아볼 수가 있다.

즉, 성령은 우리를 예수 그리스도의 성정으로 변화시켜(갈5:22-23) **예수 그리스도의 빛을 나타내고 흑암을 제압해 평강과 기쁨과 문제의 해결을 가져다주지만,** 사탄은 육체의 속성을 강화시켜 개인의 이익을 도모하고 불안 초조 염려를 가져다주어 더욱 난관에 처하게 한다.

하나님의 계시는 대부분 음성·환상·꿈·영감·말씀·깨달음·마음의 확신 등으로 임하게 되지만, **이러한 계시는 기도하는 당사자의 뜻과는 상관없이 하나님께서 당신의 작정과 필요성에 따라 우리에게 미래사를 알려주는데 그 뜻이 있다는 사실을 깨달아야만 한다.**

그리고 방언의 뜻은 다른 지방의 말이란 뜻이지만, 성경에서 말하는 방언은 하늘나라의 말과(고전13:1) 이 세상의 말로 분리할 수 있다.

그런데 오늘날 일부 신도들은 방언을 하늘나라말로만 오인하여 따, 따, 따만 연발해도 방언으로 착각하기도 한다. 그러나 온전한 방언은 영어에서 I am go(아이, 엠, 고)처럼 그 발음이 분명하다.

한편 꿈에 대해서 살펴보면 ①요셉은 해와 달과 열 한 별이 자신에게 절하는 꿈을 꿨고(창37:6-11), ②느부갓네살 왕은 교만하다가 궁에서 쫓겨나 들짐승과 함께 일곱 때를 거한 후에 다시 궁으로 돌아오는 꿈을 꿨고(단4:10-17), ③빌라도 총독의 부인은 꿈을 꾸고 남편인 빌라도 총독에게 예수님의 재판에 관여하지 말 것을 심도 깊게 종용했었다는 엄연한 사실을 성경에서 찾아볼 수가 있다(마27:19).

즉, 꿈은 영몽(靈夢)과 잡몽(雜夢)으로 구분할 수 있는데, 영몽은 영상이 뚜렷하고 두 번 연이어 꾸게 될 뿐만 아니라, 장래에 반드시 성취된다는 사실을 우리는 성경에서 찾아볼 수가 있다. 그러므로 영몽은 성령의 사역현상 중에 하나이며, 하나님의 계시의 일종이다.

환상은 ①바로 왕의 환상과(창41:1-7)·선지자 다니엘의 환상과(단7:25)·②고넬료·사도 베드로의 환상과(행10:1-20)·아나니아의 환상과(행9:10)·③사도 바울 환상(행16:9-10) 등을 찾아볼 수 있다.

따라서 환상은 하나님만을 사모하고 바라보면서 성령의 인도로 거의 매일 한 시간 이상 기도를 드리며 하나님과 깊은 교제를 하는 자에게 보여 질뿐 아니라, 이는 즉시 성취된다는 사실을 알 수가 있다.

다시 말하면 음성·환상·꿈 등에 의한 계시는 우리가 중요한 사건을 접할 때에 우리의 소요가 아닌 하나님의 뜻에 따라 주어지고, 계시의 필요성은 하나님께 속한 것이지 우리의 소요에 따르는 것이 아니다.

따라서 내 욕망의 성취를 위해 간구하는 기도는 점술 신앙에 빠지기 쉽고, 짐짓 사탄에게 빌미를 주어 우리 자신을 실족케 할 수도 있다.

그리고 음성은, 선지자의 견지에 있는 사람에게 하나님께서 중요한 사건에 놓고서 들려주는 계시의 일종이다. 나는 지금까지 하나님의 음성을 직접 들었다는 사람은 드물게 만났었고, 나도 여러 번 환상을 보고, 비몽사몽 중에 천사들이 하나님께 찬양을 드리는 음악은 들어보았지만, 하나님의 음성을 직접 들어보지는 못했다.

● 논제(28). 물세례와 성령세례의 차이점

(답1). 물세례는 회개를 이루는 징표이다.

하나님께서는 세례를 통해서 구원을 예표 하시는데, 성경에 나타난 세례는 모세의 세례(고전10:2)·요한의 세례(마3:11)·사도들의 세례(행19:5-6), 오늘날 우리가 받는 세례 등으로 분리할 수 있다.

세례의 진정한 뜻은 우리가 아담으로부터 유전 받은 원죄와 자범죄를 예수 그리스도의 피로 씻는 의식이다. 그러나 물세례는 선한 양심이 하나님을 향한 회개와 결단을 상징하는 것일 뿐, 우리의 모든 죄가 사해지는 것은 아닌 것이다(행19:4, 벧전3:21).

다시 말해서 물세례가 구원의 상징이긴 하지만, 만약 우리가 성령으로 거듭나지 못한다면 아담으로부터 유전 받은 육체의 속성을 그대로 지닌 체 살아가고 있기 때문에, 하나님의 뜻을 좇아 살아갈 수가 없어 온전한 구원에 이를 수가 없게 된다(갈5:19-20, 요3:5).

이는 구원열차에 올랐으나 육의 힘으로 여행하는 것과 같아서, 차창 밖의 사탄의 유혹을 이기지 못하고 도중하차 하게 되거나, 긴 천국여정을 끝까지 질주하지 못한다는 뜻이기도 하다.

① 물은 예수 그리스도께서 부활하심으로 말미암아 이제 너희를 구원하는 표니 곧 세례라. 이는 육체의 더러운 것을 제하여 버림이 아니요 하나님을 향한 선한 양심의 간구니라(벧전3:21).
② 그러므로 우리가 그의 죽으심과 합하여 세례를 받음으로 그와 함께 장사되었나니 이는 아버지의 영광으로 말미암아 그리스도를 죽은 자 가운데서 살리심과 같이 우리로 또한 새 생명 가운데서 행하게 하려 함이니라(롬6:4). ▶육적인 결단과 구원

(답2). 성령세례는 구원을 확정하는 징표이다.

 성령세례는 우리의 구원을 확정하는 징표일 뿐 아니라, **성령을 받은 사람은 순간 육적인 죄를 범해도 하나님께서 영은 마지막 날에 반드시 구원하시게 된다**(고전5:5). 그러므로 우리가 물세례를 받았다고 해도 성령으로 거듭나지 못하면 육체의 속성이 변하지 않기 때문에 주님의 뜻과 의를 좇아서 살아갈 수가 없게 된다(요3:5).
 따라서 사도 베드로와 요한이 주 예수의 이름으로 물세례를 받은 사마리아 사람들에게 다시 안수하여 성령을 받게 하였고(행8:14-17), 사도 바울 역시 예수 그리스도를 영접한 에베소의 열두제자들에게 너희가 믿을 때에 성령을 받았느냐? 하고, **안수해 성령을 받게 했던 사실 등을 살펴보아도**(행19:2-7), **우리의 구원은 반드시 성령세례를 통해서만 가능하다는 사실을 성경이 입증을 해주고 있다.**
 때문에 우리는 성령 충만 속에서 신앙생활이 유지되도록 늘 성경말씀 탐구와 기도에 전심전력을 다해야만 한다(요16:13, 슥4:6, 히:12).

① 사람이 물과 성령으로 나지 아니하면 하나님 나라에 들어 갈 수 없나니 **육으로 난 것은 육이요 영으로 난 것은 영이니라**(요3:5-6).
② 요한은 물로 세례를 베풀었으나 너희는 몇 날이 못 되어 성령으로 세례를 받으리라(행1:5).
③ 그 안에서 너희도 진리의 말씀 곧 너희의 구원의 복음을 듣고 **그 안에서 또한 믿어 약속의 성령으로 인치심을 받았으니**(엡1:13).
④ 육체의 일은 분명하니 곧 음행과 더러운 것과 호색과 우상 숭배와 주술과 원수 맺는 것과 분쟁과 시기와 분냄과 당 짓는 것과 분열함과 이단과 투기와 술 취함과 방탕함과(중략) **이런 일을 하는 자들은 하나님의 나라를 유업으로 받지 못할 것이요**(갈5:19-21).

● 논제(29). 3×4=12와 4×3=12의 성경에 숨겨진 비밀

(답1). 3이란 수의 의미

 다리가 세 개인 탁자는 네 개인 탁자보다 울퉁불퉁한 지면에서 더 안전하게 착지할 수가 있다. 따라서 3은 완전성을 나타내는 하늘의 수인 사실을 물리적 현상을 통해서도 우리는 깨달을 수가 있다.
 성경에서 나타내고 있는 3이란 숫자는 홀수일 뿐 아니라, 하나님과 · 초능력과 · 셋째하늘과 · 완전성과 · 영원과 · 무한대를 상징하고 있다. 즉, 이는 삼위일체의 하나님과 · 예수 그리스도의 3일 만의 부활과 · 셋째하늘과(고후12:2) · 성령세례(요3:5) 등이 그것이다.

(답2). 4란 수의 의미

 4라는 숫자는 짝수로서 빛과 어두움, 선과 악, 인간, 유한대, 이 세상, 고난 등을 상징한다. 즉, 예수님의 40일 금식과 · 이스라엘 백성의 40년 광야 생활 · 노아 때의 40일 홍수와 · 이스라엘 백성의 400백년 만의 출애굽과 · 물세례 등이라 할 수 있다.

(답3). 7이란 수의 의미와, 6이란 수의 의미

 7이란 숫자는 하늘의 수인 3과, 땅의 수인 4를 더한 수로써, 100% 하나님인 동시에 100% 인간이신 예수 그리스도와 · 부활과 · 승리와 · 의와 · 은혜와 · 하늘나라와 · 구원과 · 빛을 상징하고,
 6이란 숫자는 사탄과 · 불의와 · 거짓과 · 죽음과 · 고난과 · 실패와 · 이 세상과 · 혼돈과 · 흑암을 상징하고 있다.

(답4). 3×4=12와, 4×3=12의 숨겨진 비밀

성경에서 3×4=12는 예수님의 12제자와 · 하나님의 부리시는 12 영과 (마26:53) · 은혜와 · 사랑과 · 능력과 · 무한대와 · 성령세례와 · 영적믿음을 상징하고, 4×3=12는, 이스라엘 12지파와 · 율법과 · 행위와 · 인간의 능력과 · 유한대와 · 물세례와 · 육적인 믿음을 상징한다.

(답5). 4×3=12의 신앙의 결과물과 3×4=12 신앙의 결과물

인간의 행위를 뜻하는 수 즉, 4가 먼저인 경우의 신앙은 곡식의 낱알을 세어 십일조를 드릴 정도로 완벽한 이스라엘 민족이 정작 예수님을 십자가에 못 박았던 사실과, 모든 것을 버리고 좇았던 예수님의 제자들이 막상 십자가 도상에서는 모두 예수 그리스도를 버렸던 것처럼, 신앙의 열매를 맺기가 어렵다는 사실을 우리는 알 수가 있다.

그러나 삼위일체의 하나님을 상징하는 3이 먼저인 경우의 신앙은 성령의 능력으로 자신의 정체성을 변화시켜 예수 그리스도의 이름으로 흑암을 물리치고서, 예수 그리스도를 빛을 나타내고 성령의 능력에 따라 죽기까지 충성하는 참 그리스도인이 될 수가 있다.

즉, 교육 · 훈련 · 캠프 · 참선 · 수행 · 봉사 · 노력 등으로는 인간의 속성이 온전히 변화되지는 않는다. 오직 성령의 역사만이 우리에게 온전한 변화를 가져다주어 하나님의 뜻을 좇아 살 수 있게 할 뿐 아니라, 30배 · 60배 · 100배의 열매를 맺을 수 있게 한다.

따라서 우리는 예수 그리스도를 주로 받들고서 항상 기도에 간구에 힘쓰며 성령의 능력으로 승리의 삶을 구현해야만 한다. 성경은 이처럼 수의 개념을 매우 중요시하여 말씀하고 있다는 사실을 우리는 다시 한 번 마음 깊이 되새겨야만 하는 것이다.

● 논제(30). 하나님의 사역과 하나님의 은혜를 입는 자들은?

(답1). 하나님은 무소부지 · 무소부재 · 전지전능하신 분이시다.

　하나님께서는 모르는 것이 없으시고(마10:30), 안 계신 곳이 없으시고, 못하시는 것이 없으실 뿐 아니라(대상29:12, 왕하6:12, 계1:8), **우리 인간들과는 달리 시간과 공간을 초월해 존재하시는 거룩한 신이란 사실을 성경은 밝혀주고 있다**(계22:13, 시90:2, 시103:17).

　따라서 아담 한 사람의 범죄로 말미암아 사망에 이르게 되었던(롬5:19) 우리 인간들의 참된 삶의 길은, **또 다른 한 사람인 예수 그리스도를 영접해 성령으로 거듭나**(요3:5, 요1:12) 오직 하늘 나라만 바라보고 복음을 좇아서 살아가는 길 뿐이라는 사실을 성경은 우리 인간들에게 명확하게 깨우쳐주고 있는 것이다(요3:16, 요8:32, 요14:6, 요16:13, 시103: 17).

① 부와 귀가 주께로 말미암고 또 주는 만유의 주재가 되사 손에 권세와 능력이 있사오니, **모든 자를 크게 하심과 강하게 하심이 주의 손에 있나이다**(대상29:12).
② 만물이 그에게 창조되되 하늘과 땅에서 보이는 것들과 보이지 않는 것들과, **혹은 보좌들이나 주관들이나 정사들이나 권세들이나 만물이 다 그로 말미암고 그를 위하여 창조되었고**(골1:16).
③ 하나님의 말씀은 살았고 운동력이 있어 좌우에 날선 어떤 검보다도 예리하여, **혼과 영과 및 관절과 골수를 찔러 쪼개기까지 하며 또 마음의 생각과 뜻을 감찰하나니**(히4:12).
④ 오직 이스라엘 선지자 엘리사는 왕이 침상에서 하신 말씀이라도 **이스라엘 왕에게 고하나이다**(왕하6:12).

(답2). 하나님은 과거 · 현재 · 미래에 동일하게 역사하신다.

우리가 예수 그리스도를 영접하고 하나님의 뜻을 좇아서 살아가려고 무던히 애를 쓴다고 해도, 때로는 감당할 수 없는 시련이 우리들을 엄습해옴으로 인해 심히 고통 할 때가 있다(벧전4:12). 따라서 이 때는 부득이 하나님께 울부짖고 매어 달릴 수밖에 없게 된다.

그런데 이 때는 우리가 울부짖고 기도해도 하나님께서 우리의 기도를 즉시 응답해 주시지도 않을 뿐 아니라, 우리가 바라는 하나님의 초능력과 사역 또한 나타나지 않는다. 때문에 우리는 죽을 것 같은 시련 속에서 몸부림치며 하나님의 역사와 사역은 과거에만 있었던 것이 아닌가? 생각을 하며 심각한 신앙의 갈등을 하게 되기도 한다.

그러나 아브라함에게 고향인 본토 갈대아를 떠나 지시하는 땅으로 가게 하여 복의 근원이 되게 하신 하나님께서는(창12:1-3) 이삭과, 야곱과, 요셉에게도 함께 하셨을 뿐만 아니라, 호렙산 불꽃 속에서 민족에 대한 애한을 갖고 세월을 허비해가며 장인 이드로의 양을 치고 있던 모세를 불러 열 가지 재앙으로 애굽 왕 바로를 징벌하고서, 고통에 처한 이스라엘 백성들을 출애굽을 시키셨다(출12:40-43).

한편 사무엘을 통해서 소년 다윗에게 기름을 붓고(삼상16:12-13) 오실 예수를 믿고서 찬양을 하게 하신 하나님께서는(눅20:42-44), 엘리야 · 엘리사 · 다니엘 등에게도 당신의 초능력과 사역을 나타내셨던 사실을 성경에서 우리는 찾아 볼 수가 있다(왕하1:10-12).

하나님께서는 이 외에도 이사야 · 예레미야 · 에스겔 · 호세아 · 요엘 · 아모스 · 미가 · 나훔 · 스바냐 · 스가랴 등 많은 선지자들에게 당신을 직접 나타내셨을 뿐만 아니라, 마침내 당신의 독생자까지 이 땅에 보내어 (사53:5, 마2:2) 사망권세를 깨뜨리시고서 범죄 한 우리 인간들에게 구원의 길을 열어주셨다(마27:51-53).

즉, 오늘날도 예수님을 영접한 자들에게는 성령을 부어주실 뿐 아니라 (행2:1-4), 이 성령이 환상·음성·꿈·말씀·확신 등으로 인도하신다는 사실을 우리는 주변 사람들의 간증을 통해서 수시로 접하게 된다.

우리가 깨닫게 되는 이러한 사실 등은 하나님께서 현재도 역시 과거와 동일하게 역사하신다는 사실을 나타내주는 증거인 것이다(요16:13).

따라서 우리는 죽음과 같은 고난이 다가올지라도 죽는 그 순간까지 하나님의 언약인 성경말씀을 굳게 붙잡고서, 현재의 고난을 믿음의 발판으로 삼아 끝까지 믿음의 끈을 놓지 않고 견뎌낸다면, 하나님께서 반드시 우리를 구원해 주신다고 성경은 말씀하고 있다(마28:20).

다시 말해서 어떠한 고난이 몰아칠지라도 성경에 나타난 '욥'의 고난을 생각하며 믿음의 끈을 놓지 않고 무던히 견디어 나아가게 되면, 반드시 하나님께서 과거와 현재와 미래에 동일하게 역사하고 계신다는 사실을 체험하게 해 주실 것이라고 나는 믿어 의심치 않는다(히13:8).

현제 나는 나의 잘못으로 인하여 이와 같은 큰 시련에 빠져 있다. 내 뜻과는 달리 본의 아니게 많은 빚을 지고서 타인에게 피해를 주고 있어 자살을 해야 할 정도로 고통에 처해 있다. 그러나 좋으신 하나님께서는 나와 함께 하시어 이 모든 시련을 해결해주시리라 믿는다.

만약 하나님께서 우리들에게 성경에 나타난 하나님의 능력과 사역을 오늘날에는 나타내주시지 않는다면 하나님은 과거의 하나님에 지나지 않기 때문에, 우리는 사탄과의 싸움에서 결코 이길 수가 없을 뿐만 아니라 성경은 이스라엘 무협소설에 지나지 않는 것이 된다.

① 예수 그리스도는 어제나 오늘이나 영원토록 동일하시니라(히13:8).
② 이제 있는 것이 옛적에 있었고 장래에 있을 것도 옛적에 있었나니 하나님은 이미 지난 것을 다시 찾으시니라(전3:15).
③ 나는 알파와 오메가요 처음과 나중이요 시작과 끝이라(계22:13).

(답3). 하나님은 질병의 치료와 영육간의 강건함을 원하신다.

성경은 우리가 아담으로부터 상속받은 저주에서(창3:15) 해방되어, 영육 간에 강건하며 행복하게 사는 길을 깨우쳐주는 기록들이다.
하나님께서는 당신의 작정에 따라 경외와 찬양을 받기 위한 목적에 따라 인간을 창조하셨다고 성경은 밝혀주고 있다(전3:14, 사43: 21).
즉, 우리 인간들은 시조 아담이 하나님의 언약을 어김으로 인한 저주를 상속받음으로 영이 죽었기 때문에, 사탄의 종이 되어(요8:44) 시한부의 삶을 살다가 죽어가게 되는 비극의 존재가 되었다(히9:27).
그러나 하나님께서는 당신의 작정과 거룩하심에 따라 **친히 인간을 위해 인간의 몸을 입고 이 땅에 오시어 대신 피 흘리심으로써, 흑암 권세인 사탄을 제압하고 당신의 사랑을 확증하셨다**(요일3:8).
따라서 하나님께서는 이러한 말씀을 믿는 자들에게는 당신의 자녀를 삼으실 뿐 아니라(요1:12), 이 땅에서 예수 그리스도의 이름으로 사탄을 제압할 수 있는 권능을 주시고서(눅10:19) **우리가 진정으로 복음을 누리며 행복한 삶을 구현해 나아가길 바라신다**(신33:29, 요삼1:2).

① 그가 찔림은 우리의 허물 때문이요 그가 상함은 우리의 죄악 때문이라 **그가 징계를 받음으로 우리가 평화를 누리고 그가 채찍에 맞음으로 우리는 나음을 받았도다**(사53:5).
② 너희가 내 모든 규례를 지키면 모든 질병이 하나도 너희에게 내리지 아니하리니 **나는 너희를 치료하는 여호와임이니라**(출15:26).
③ 사랑하는 자들아 네 영혼이 잘됨같이 범사에 잘되고 강건하기를 원하노라(요삼1:2). ▶영육(靈肉)의 강건함과 사업의 번성
④ 우리가 여호와께 돌아가자 **여호와께서 우리를 찢으셨으나 도로 낫게 하실 것이요 우리를 치셨으나 싸매어주실 것임이라**(호6:1).

(답4). 하나님은 병든 자와 장애인을 더욱 사랑하신다.

　예수 그리스도께서는 이 땅에서 복음 선포와 동시에 사역의 1/3을 중풍병자, 손 마른 자, 눈먼 자, 귀먹은 자, 문둥병자, 간질환자, 귀신들린 자 등을 치유하시면서 당신의 빛을 나타내시는 일에 전념하셨다.
　우리가 예수님께서 이 땅에서 하신 이러한 사역 등을 자세히 살펴보면, **하나님께서는 건강한 사람들보다는 병든 자와 · 장애인과 · 수욕 받는 자들을 더 더욱 사랑하신다는 사실을 알 수가 있다**(고전1:27).
　구약 성경 미가서 4장 6절과 스바냐서 3장 19절의 말씀을 살펴보면, 세상 끝 날에 있을 '**저는 자와 세상에서 수욕 받는 자들에 대한 축복**'이 나오는데 이를 직역을 하면 육체적 장애인을 말하는 것이다.
　한편 나는 2급 장애를 입고 태어난 사실 때문에 하나님께 늘 불만을 갖고 살아왔었다. 하지만 어느 날 나의 잘못으로 죽음에 늪에 빠져 고통에서 울부짖었더니, **새벽녘에 장애인에 대한 축복의 말씀을 찾아주시고서**(미4:6, 습3:19) 앞으로의 일들을 환상으로 보여주셨다.
　따라서 아직도 내게는 고난과 시련이 연속되고 있지만, 언약의 말씀인 복음을 굳게 붙잡고 매일매일 기도를 통해 세상과 싸워 나가고 있다. **장애인으로 태어난 사실 또한 나를 위한 하나님의 작정으로써 내게 유익이라는 사실을 비로소 깨닫고 감사를 하며 살아가고 있다.**

① 그 때에 내가 너를 괴롭게 하는 자를 다 벌하고 저는 자를 구원하며 쫓겨난 자를 모으며 **온 세상에서 수욕 받는 자에게 칭찬과 명성을 얻게 하리라**(습3:19).
② 그러므로 피곤한 손과 연약한 무릎을 일으켜 세우고 너희 발을 위하여 **곧은길을 만들어 저는 다리로 하여금 어그러지지 않고 고침을 받게 하라**(히12:12-13).

(답5). 하나님은 열심히 일하는 자를 중용하신다.

하나님께서는 장자의 축복을 빼앗고 타관 땅에서 외삼촌 라반의 양을 치고 있던 야곱에게 함께하셨을 뿐만 아니라(창31:3), **형들의 시기로 타국에 팔려갔었지만 하나님의 언약을 부여잡고 보디발의 사환으로 열심히 일하고 있었던 요셉에게도 함께 하셨다**(창39:2-5).

하나님께서는 제사장 사무엘을 통해서 자신의 양을 지키기 위해 사자와 싸우기까지 하며 **열심히 일했던 소년 다윗에게 기름을 붓고서 이스라엘의 왕으로 택하였을 뿐 아니라**(삼상16:12-13),

자기 민족에 대한 열정과 애한으로 미디안 광야에서 밤이슬을 맞으며 장인 이드로의 양을 칠 수 밖에 없었던 **모세를 불러 이스라엘 백성의 지도자로 삼아 이스라엘 민족을 출애굽 시키셨다**(출12:40-42).

또한 이스라엘에 많은 선지자의 생도들이 있었지만 굳이 열두 겨리 소를 앞세우고 밭 갈던 엘리사를 택하셨고(왕상19:19), 밀밭 포도주 틀에서 타작하던 기드온을 이스라엘의 사사로 삼으셨다(삿6:11-12). **따라서 하나님께서는 현장에서 열심히 일하는 자를 찾아내시어 당신의 중요한 사역을 맡기신다는 사실을 명확히 깨달을 수 있다.**

① **엘리야가 거기서 떠나 사밧의 아들 엘리사를 만나니 그가 열두 겨리 소를 앞세우고 밭을 가는데** 자기는 열둘째 겨리와 함께 있더라 엘리야가 그리로 건너가서 겉옷을 그의 위에 던졌더니(왕상19:19).
② **기드온이 미디안 사람에게 알리지 아니하려 하여 밀을 포도주 틀에서 타작하더니** 여호와의 사자가 기드온에게 나타나 이르되 큰 용사여 여호와께서 너와 함께 계시도다하매(삿6:11-12).
③ 이새가 가로되 아직 말째가 남았는데 그가 양을 지키나이다 사무엘이 이새에게 이르되 보내어 그를 데려오라(삼상16:11).

(답6). 하나님께서는 겸손한 자를 찾으신다.

  하나님께서는 마음이 교만한 자는 버리시고 겸손한 자를 사랑하신다는 사실을 성경은 밝혀주고 있다(벧전5:5). 따라서 믿는 우리는 항상 자기 자신의 육을 죽이고 낮추는 성숙된 신앙인이 되어, 무의식중에 자신의 공로와 의를 드러내지 않도록 늘 근신하며 조심해야만 한다.
  구약 성경을 살펴보면 사울 왕은 교만에 빠져 아말렉을 진멸하라는 하나님의 명령을 경홀히 여기고 아각과 소와 양의 좋은 것을 취하고자 했다가, 하나님으로부터 버림을 당했었다는 엄연한 성경의 역사적인 사실을 우리는 가슴 깊이 되새겨야만 할 것이다(삼상15:8-9).

① 기드온이 그에게 대답하되 오 주여 내가 무엇으로 이스라엘을 구원 하리이까 보소서 나의 집은 므낫세 중에 극히 약하고 나는 내 아버지 집에서 가장 작은 자니이다(삿6:15).
② 네가 낮춤을 받거든 높아지리라고 말하라 하나님은 겸손한 자를 구원하시느니라(욥22:29).
③ 나는 마음이 겸손한 자와 함께 하나니 이는 겸손한 자의 영을 소성케 하며 통회하는 자의 마음을 소성케 하려 함이라(사57:15).
④ 아말렉 사람의 왕 아각을 사로잡고 칼날로 그 모든 백성을 진멸하였으 되, 사울과 백성이 아각과 그 양과 소의 가장 좋은 것 또는 기름진 것과 어린 양과 모든 좋은 것을 남기고 진멸키를 즐겨 아니하고 가치 없고 낮은 것은 진멸하니라(삼상15:8-9).
⑤ 네가 여호와의 목소리를 순종치 아니하고 그의 진노를 아말렉에게 쏟지 아니하였으므로, 여호와께서 오늘날 이 일을 네게 행하셨고 여호와께서 이스라엘을 너와 함께 블레셋 사람의 손에 붙이시리니 내일 너와 네 아들들이 나와 함께 있으리라(삼상28:18-19).

(답7). 하나님은 영적 또는 마음의 눈이 열린 자를 구원하신다.

하나님께서는 비록 이 땅에서의 삶의 행위가 의롭지 못하다고 하여도 결단의 순간 마음의 눈을 열고 의를 선택하는 자들을 구원하신다는 사실을 우리는 성경을 통해 깨달을 수가 있다. 이는 성경 마태복음 1장 3-6절에 나오는 예수의 족보에 올라 있는 다말·라합·룻·밧세바 등의 부정한 네 여인의 구원사역을 통해서도 잘 나타나고 있다.

즉, 하나님으로부터 선택을 받은 가문의 자손을 낳고 싶어서 창녀로 둔갑하여 시아버지를 속여 가면서까지 시아버지와 성관계를 자원했던, ①유다의 며느리 다말과·②창조주 하나님의 보호를 받는 민족임을 알고서 목숨을 걸고 적군의 정탐꾼을 숨겨줬던 기생 라합은 물론,

③젊고 출중한 미모의 남자를 마다하고서 나이가 많은 하나님의 사람에게 시집을 갔던 룻과·④비록 전 남편을 죽였던 사람이긴 하지만 하나님께서 용서하시고 특별히 택하신 사람임을 깨닫고 그의 처가 되는 것을 스스로 자원했던 우리아의 아내 밧세바 등이 그 예이다.

그리고 현장에서 간음하던 여인에게 돌로 치려하는 자들의 편에 서지 않으시고, 자신의 죄를 철저히 뉘우치고 있는 여인에게 은혜를 베풀어 주시는 예수 그리스도의 긍휼과 사랑이 이를 입증하고 있다.

① 여호와께서 사무엘에게 이르시되 그의 용모와 키를 보지 말라 내가 이미 그를 버렸노라 내가 보는 것은 사람과 같지 아니하니 **사람은 외모를 보거니와 나 여호와는 중심을 보느니라 하시니라**(삼상16:7).
② 여호와는 마음이 상한 자를 가까이 하시고 충심으로 통회하는 자를 구원하시는 도다(시34:18).
③ 율법이 들어온 것은 범죄를 더하게 하려함이라 그러나 **죄가 더한 곳에 은혜가 더욱 넘쳤나니**(롬5:20).

● 논제(31). 정말로 범죄 한 천사가 사탄인가?

(답). 사탄과 범죄 한 천사는 서로 다른 별개의 영이다.

　성경은 하나님께서 분명히 범죄 한 천사를 마지막 심판(백보좌) 때까지 지옥에 가둬뒀다고 밝혀주고 있기 때문에(벧후2:4, 유1:6), 범죄 한 천사는 하늘과 이 세상에서 전혀 활동을 할 수가 없다.

　그러나 사탄은 하나님의 허락을 받고 ①하나님 앞에서 자유롭게 왕래하며(욥1:6-7,슥3:1-2), ②욥을 시험하고(욥1:12), ③사울 왕을 번뇌하게 하고(삼상16:14), ④다윗 왕을 격동시키고(대상21:1), ⑤사도 바울의 가시가 되어주고(고후12:7), ⑥믿고도 악을 행하는 자들의 영을 구하기 위해 육을 멸하고(고전5:5), ⑦거룩하신 하나님의 신성을 모독하지 못하도록 징계하는 등의 일을 하고 있다(딤전1:20).

　즉, 사탄은 마지막 심판 때까지는 이 세상을 주관하면서(요12:31), 미카엘 천사장도 훼방의 말을 쓰지 못할 정도로 천사와 동급에서 서로 상반되는 사역을 하고 있다(슥3:1-2, 유1:9, 욥1:12). 따라서 사탄과 지옥에 갇혀 있는 범죄 한 천사는 확연히 서로 다른 별개의 영이라는 사실을 알 수가 있다(벧후2:4, 유1:6).

　오늘날 많은 사람들이 ①이사야 14장12-15절에서 나오는 계명성을 KJV 성경에서 루시퍼로 번역한 것에 따라, 마치 이들 범죄 한 천사가 사탄인 것처럼 잘 못 알고 있다. 하지만 이는 사탄과 바벨론 왕의 몰락을 말하는 것일 뿐 아니라(사14:14), 뒤이은 말씀에서도(사14:15) 유1:6과 벧후2:4의 말씀처럼 지옥에 갇힌다고 명확히 밝혀주고 있다.

　따라서 우리는 지옥에 갇혀있는 범죄 한 천사와, 하나님의 작정에 따라 마지막 심판 때까지 자신들의 사역을 계속하게 되는 사탄은 분명히 서로 다른 별개의 영인 사실을 명확히 깨달을 수가 있다.

②한편 에스겔 28장 13-19절의 말씀을 오인해 이들 그룹천사가 사탄이 되었다는 자들도 있다. 그러나 이들 그룹천사는 파수자의 본분을 망각하고 제 위치를 떠나 사탄이 에덴을 침입함으로써(겔28:13-15), 하나님께서 즉각 그 능력을 박탈하고 지옥에 가뒀다(겔28:16).

때문에 이들 범죄 한 그룹천사들이 사탄이 되었다는 일부 사람들의 주장 또한 유다서 1장 6절과 베드로후서 2장 4절 성경 말씀에 정면으로 배치되어 명확히 잘못된 해석이라는 사실을 깨달을 수가 있다.

③그리고 계시록 12장 3-4절에서 사탄이 하늘별 1/3을 끌어내린다고 한 내용을 놓고서 이러한 별들이 사탄의 하수자인 것처럼 주장하는 자들도 있다. 그러나 이는 수많은 별들을 새벽별로(루시엘, 욥38:7) 보는 모순이 있을 뿐 아니라, 이는 새 하늘과 새 땅의 창조를 위해 있게 될(계21:1) 천체이변을 예고하는 말씀일 뿐이다(벧후3:7).

즉, 범죄 한 천사가 사탄이라는 주장은 성경에 반하고 배치되는 잘못된 해석일 뿐 아니라(유1:6, 벧2:4) 성경을 자세하게 조명해보지 못한 사람들의 유전적 이야기에 지나지 않는 것이다(막7:13, 골2:8).

결론적으로 ①파수자의 사명을 저버린 그룹천사와, ②마침내 불의를 들어낸 루시퍼 천사는 마지막 심판 때까지 지옥에 갇혀 있어 활동을 할 수가 없다(벧후2:4, 유1:6). 따라서 하나님의 작정에 따라 마지막 심판 때까지 그 사역을 계속하는 사탄을(요12:31, 욥1:12, 삼상18:10, 슥3:1, 시66:3) 같은 영으로 보는 것은 명백히 잘못된 해석이다.

① 네 무역이 풍성하므로 네 가운데 강포가 가득하여 네가 범죄 하였도다, 너 덮는 그룹아 그러므로 내가 너를 더럽게 여겨 하나님의 산에서 쫓아내었고 불타는 돌들 사이에서 멸하였도다(겔28:16)
② 하나님이 범죄 한 천사들을 용서치 아니하시고, 지옥에 던져 어두운 구덩이에 두어 심판 때까지 지키게 하셨으며(벧후2:4)

● 논제(32). 사탄(론)에 대한 명확한 분석과 조명

(답1). 사탄과, 사탄의 정체성

①인간이 육을 입기 전에 하늘나라에서 영으로 존재하면서 하나님의 천지창조 사역을 바라보고 기뻐했을 뿐만 아니라(잠8:23-30, 욥38:7), ②하나님께서 천지창조 직전에 수면 위를 운행하심으로써 물은 이미 있었음을 알 수 있고(창1:2), ③흑암이 깊음 위에 있었던 것을 보면 흑암의 주인공인 사탄도 함께 있었던 것으로 보인다(창1:2, 골1:13).

즉, 인간과·천사와·사탄과·물은 첫째하늘 세계(에덴동산)인 이 세상을 창조하시기 전에 셋째하늘 세계에서 먼저 창조된 피조물인 사실을 성경은 명확히 밝혀주고 있다(느9:6, 골1:16, 욥1:6, 시66:3).

그런데 에덴을 파수하던 그룹천사가 순간 제 위치를 이탈하자마자 사탄은 즉시 에덴동산을 침입하여(유1:6, 겔28:14-16) 뱀을 통해서 아담을 유혹해 죽게 했을 뿐만 아니라(창3:11-19), 부여받은 그 속성에 따라 하나님의 본체이시기도 한 예수님까지도 유혹을 하고(마4:3-11) 십자가에서 처형당하게 하였다(사53:5-6, 마27:24-36).

따라서 오늘날 많은 기독교 지도자들이 성경 이사야 14장 12-15절과 에스겔 28장 12-15절의 말씀을 오인하여, **하나님의 작정과 허락에 따라 이 세상의 임금으로 활동을 하는 사탄을 놓고서**(요12:31, 14:30, 욥1:6-7, 슥3:1-2), 마치 이들 사탄이 하나님께 반역을 기한 천사였던 것처럼 주장하며 신자들에게 잘못 주지시키고 있어 안타깝다.

그러나 이는 피조물인 범죄 한 천사들이나 사탄이 힘을 합쳐 하나님께 모반을 기한다면 **마치 성공할 수도 있었던 무서운 영인 것처럼**(정승화 대장과, 전두환 소장의 추종자들), 이들 사탄을 하나님과 동급의 영으로 정립을 하게 되는 심각한 오류를 범하고 있다.

또한 이는 하나님께서 힘이 모자라 사람들을 죽이고 고통을 가하는 사탄을 일정기간 그대로 둘 수밖에 없거나 그대로 두어, **마치 하나님께서 불의하거나 이율배반적인 신일 수도 있다는 의구심을 신자들의 뇌리에 정립시켜 하나님의 완전성과 거룩성을 심각하게 훼손하고 있다.**

우리가 사탄의 존재이유에 대해서 명확히 알 수는 없지만 사탄은 그 정체성에서 **구원받은 인간을 섬기는 사역자인 천사와(**히1:14) **반대되는 사역을(**이 세상 검사나, 경찰관이나, 교도관 같은 직책 자/마8:31, 욥1:11-12, 삼상18:10) **수행하는 하나님의 종의 신분일 뿐 아니라(**골1:16, 삼상16:14), **하나님께 꾸지람을 들을 수도 있는 영이라는 사실을 성경은 명확히 밝혀주고 있다(**슥3:2, 유1:9).

즉, 사탄은 여자의 아들인 부활 이전의 예수님과 우리 인간들에게는 분명한 원수이지만(창3:15, 시66:3), 하나님의 부리심을 받기 때문에 (마8:31, 삼상18:10) 예수 그리스도를 영접하여 성령으로 거듭난 사람들은 결코 만지거나 해할 수가 없다(욥1:12, 요일5:18).

그런데 하나님께서는 당신의 작정에 따라(창3:15) 사탄이 에덴동산을 침입하여 뱀을 통해서 아담과 하와를 유혹해 죽게 했음에도 불구하고(창3:1-7) 사탄에게 이 세상 임금의 권한을 주고서(마4:9, 요12:31), ①하나님 앞에서 자유롭게 왕래하게 할 뿐 아니라(욥1:6-7, 슥3:1), ②욥을 시험하게 하고(욥1:12), ③사울을 번뇌하게 하고(삼상16:14), ④다윗 왕을 격동시키게 하고(대상21:1), ⑤사도 바울의 가시가 되어 주게 하고(고후12:7), ⑥예수를 믿고도 악을 행하는 자의 육을 멸하게 하고(고전5:5), **⑦하나님의 신성을 모독하지 못하게 징계하는 등의 사역을 하도록 허락하고 있다는 사실을 유념해야 한다(**딤전1:20).

하지만 사탄은 하나님의 작정과 부여받은 그 속성에 따라 피조물이란 신분을 망각하고서 한 때 1개 군단의 힘을 가지고서 **12군단 이상의 천군을 거느리시는(**마26:53) **하나님의 사역을 방해하고(**단10:13),

그 보좌를 탐하다가(사14:12-15), 예수님의 십자가의 죽음과 부활하심으로 말미암아 셋째하늘에서 첫째하늘세계인 공중으로 쫓겨나 심판 때까지는 그 사역을 계속하지만(요12:31, 계12:7-9, 엡2:2, 6:12), **그 마지막은 스올에 떨어지게 된다**(계20:1-3, 10).

다시 말해서 하나님의 작정에 따라(시49:14, 왕하19:25) 이 세상의 임금으로 활동하고 있는 사탄은(요14:30), 100% 인간으로 오신 부활 이전의 예수님과 인간에게는 분명한 원수이다(사53:5-6, 시66:3).

하나님께서 이러한 사탄을 마지막 심판까지 미카엘천사장과 동급에서 일하게 하는 것은(유1:9, 슥3:2) **하늘나라의 통치를 위한 작정에 따른 것인데**(사46:11) **하나님께서는 이를 토기장이와 그릇의 비유를 들어 우리 인간들에게는 알려주지 않고 있다**(롬9:19-21).

① 만물이 그에게 창조되되 하늘과 땅에서 보이는 것들과 보이지 않는 것들과 혹은 **보좌들이나 주관들이나 정사들이나 권세들이나 만물이 다 그로 말미암고 그를 위하여 창조되었고**(골1:16).

② 여호와께서 사단에게 이르시되 내가 그의 소유물을 다 네 손에 **붙이노라 오직 그의 몸에는 네 손을 대지 말지니라 사단이 곧 여호와 앞에서 물러가니라**(욥1:12).

③ 원컨대 우리 주는 주의 앞에 모시는 신하에게 명하여 수금 잘 탈줄 아는 사람을 구하게 하소서 하나님의 부리신 악신이 왕에게 이를 때에 그가 손으로 타면 왕이 나으시리이다(삼상16:16).

④ **이제 이 세상의 심판이 이르렀으니 이 세상 임금이 쫓겨나리라**(요12:31).

⑤ 너는 내가 내 아버지께 구하여 지금 열 두 영 더되는 천사를 보내시게 할 수 없는 줄로 아느냐(마26:53).

⑥ **(전략) 곧 지금 불순종의 아들들 가운데서 역사하는 영이라**(엡2:2).

(답2). 사탄은 하나님의 거룩하심을 나타내기 위한 필요악이다.

하나님께서는 당신의 형상으로 창조한 우리 인간들에게 에덴동산의 축복을 누리며 살 수 있는 자격을 부여하기 위해서 "먹으면 죽는다"는 계율도 함께 주셨다는 사실을 성경은 밝혀주고 있다.

즉, 하나님께서는 인간에게 당신의 작정에 따른 언약에 대한 테스트는 물론 하늘나라의 설립과 통치를 위해, 빛의 사역자인 천사와 흑암의 사역자인 사탄을 함께 존재케 했던 것으로 보인다(느9:6, 골1:16).

그리고 피조물인 우리 인간들이 거룩하신 하나님의 작정을 100% 알 수는 없지만, 인격체이신 하나님께서 찬양을 받기 위하여 인간을 창조하지 않았다면 하늘나라는 백성이 없어 설 수가 없고, 만약 흑암이 없다면 빛이신 하나님의 의(義)를 드러낼 수 있는 방법 또한 없게 된다.

따라서 하나님의 작정에 따라(시49:14) 존재하는 사탄은, 어디까지나 ①하나님의 은혜를 입은 자들이 하나님의 의를 덧입고서 순금같이 나오도록 연단하는 일과(욥23:10, 벧전4:12), ②하나님께서 유기하신 자들을 흑암으로 이끌게 되는(유1:13) 거룩하신 하나님의 종의 신분에 지나지 않는다(삼상16:14, 18:10, 시66:3, 골1:16, 히2:8).

즉, 사탄은 분명히 하나님의 작정에 따라 존재를 하지만, 흑암의 주인공 이며 거짓의 아비이고(요8:44), 이 세상의 임금이고(요14:30) 권세자이 면서(엡6:12), 인간을 흑암으로 이끄는 영이다(계20:13-15).

때문에 예수 그리스도는 친히 사탄을 부리시는 하나님의 본체이지만 (빌2:6, 시66:3), 친히 인간을 위해 인간의 몸을 입고서 흑암과 사망의 주인공인 사탄의 일을 멸하려 이 땅에 오셨던 것이다(요일3:8).

다시 말해 사탄의 사역은 인간이 하늘나라의 축복을 누릴 수 있는 자격을 갖추기 위한 단련을 위해(히2:10-18), 인간이 에덴동산에서 육을 입는 순간부터(창2:7) 허락된 것으로 보여 진다(골1:16).

이러한 해석은 하나님께서는 넷째 날에 창조한(창1:14-15) 낮(晝)과 밤(夜)과 **확연히 다른 빛(낮)과 어두움(밤)을 첫째 날에 먼저 창조했을 뿐만 아니라**(창1:1-5), **흑암도 다스리시기 때문이다**(시105:28).

그리고 만유의 주재자이시며 통치자이신 하나님께서(느9:6, 시66:3, 골1:6, 히2:8) 손수 사역을 하시거나, 좋은 일의 사역을 맡은 천사들(陽)에게 나쁜 일의 사역(陰)을 맡길 수는 없는 것이 아닌가? 생각된다.

여기서 우리가 분명히 깨달아야만 하는 진실은 성경과 모든 만물을 **성경에서 밝혀주고 있는 범위 내에서 해석해야 한다는 사실과, 우리 앞의 모든 일의 주체는 주인인 하나님이란 사실을 잠시도 망각하지 말고 오직 하나님의 뜻을 좇아서 생활해야만 한다는 사실이다.**

① 오직 주는 여호와시라 하늘과 **하늘들의 하늘과 일월성신과 땅과 땅 위의 만물과 바다와 그 가운데 모든 것을 지으시고 다 보존하시오니 모든 천군이 주께 경배하나이다**(느9:6).

② 그 때에 새벽 별들이 기뻐 노래하며 하나님의 아들들이 다 기뻐 소리를 질렀느니라 바닷물이 태에서 나옴 같이 넘쳐흐를 때에 문으로 그것을 막은 자가 누구냐(욥38:7-8).

③ 그가 하늘을 지으시며 궁창을 해면에 두르실 때에 내가 거기 있었고 그가 위로 구름 하늘을 견고하게 하시며 바다의 샘들을 힘 있게 하시며 바다의 한계를 정하여 물이 명령을 거스르지 못하게 하시며 **또 땅의 기초를 정하실 때에 내가 그 곁에 있어서 창조자가 되어 날마다 그의 기뻐하신 바가 되었으며**(잠8:27-29).

④ 태초에 하나님이 천지를 창조하시니라 땅이 혼돈하고 공허하며 흑암이 깊음 위에 있고 하나님의 영은 수면 위에 운행하시니라 하나님이 이르시되 빛이 있으라 하시니 빛이 있었고 빛이 하나님이 보시기에 좋았더라(창1:1-4)

● 논제(33). 사탄으로 인한 고난이 하나님의 불의함 때문인가?

(답1). 고난은 단련을 위한 하나님의 사랑의 표현이며, 인간은 연단을 통해서 하나님의 형상을 덧입을 수 있게 된다.

하나님께서는 아담에게 에덴동산의 축복을 누릴 수 있는 자격을 부여하기 위해 '먹으면 죽는다'는 법도 함께 작정하셨기에, 당신 스스로 이를 파기할 수 없는 것이다. **따라서 당신의 작정을 변개하지 않고서 죄와 사탄의 압제 속에 빠진 인간을**(창3:15-16) **구원하기 위해서는 죄 없는 누군가가 대신 죽는 길밖에 없다**(히9:28, 레17:11).

때문에 하나님께서는 당신의 본체시며 독생자이신 예수 그리스도를 (빌2:6) 친히 인간의 모습으로 이 땅에 보내시어 인간의 죄를 청산하시고 당신의 사랑을 확증하셨다(롬5:8). 그러므로 이를 믿는 자는 누구든 사망에서 생명으로 옮겨지게 되는 것이다(요3:16, 롬8:1-2).

하지만 우리 인간이 육을 입고 사는 동안은 사탄에게서 온전히 벗어날 수는 없는데, 이는 하나님의 작정에 따라 마지막 심판 때까지는 허락을 받은 사탄의 사역 하에 있기 때문이다. 따라서 우리가 예수 그리스도를 영접해도(요1:12), 이 땅에 사는 동안은 말씀과 기도로 사탄을 대적하며 (약4:7, 엡6:11) 승리의 삶을 구현해 나아가야만 한다(마10:38).

그러나 하나님께서 유혹의 영인 사탄을 두고서 인간에게 고난의 삶을 살게 한 것은 결코 하나님의 불의함 때문이 아니다. 다만 이는 피조물인 우리 인간의 권한 밖의 일로써, 거룩하신 하나님의 독자적인 작정에 따른 것이라는 사실을 우리는 마음 깊이 되새겨야만 한다.

나도 장애를 입은 것 때문에 늘 하나님께 불만을 갖고 있었다. 그러나 **내가 입은 장애도 나를 구원하기 위한 하나님의 작정이라는 것을 깨닫고** (욥23:10-13, 벧전4:12-13), 비로소 감사를 드리게 되었다.

성경에는 고난을 통해서 위대한 삶을 살았던 인물이 많이 나온다. 요셉은 자신의 잘못이 없음에도 형들에 의해 종으로 팔려가서 감옥생활까지 했었지만, 하나님의 언약을 굳게 붙잡고 모든 시련을 극복해 종국은 바로 왕으로부터 "당신처럼 하나님의 신에 감동된 사람을 본 적이 없다"는 고백을 듣고서(창41:38) 애굽의 총리가 되었다.

다윗왕은 사울왕의 시기와 핍박을 통해 하나님의 거룩하심을 깨닫고 대표적 하나님의 사람이 되었고(시23장), 모세는 미디안 광야의 시련과 고난을 통해서 이스라엘의 구원자가 되었으며, 욥은 큰 고난을 통해서 더욱 큰 믿음의 사람이 되었고(겔14:20), **다니엘은 사자 굴에 떨어지는 위험을 감수함으로써 천사의 보호는 물론 거룩하신 하나님으로부터 믿음과 명철의 사람으로 인정받았다**(겔28:3).

① 사랑하는 자들아 너희를 시련하려고 오는 불 시험을 이상한 일 당하는 것같이 이상히 여기지 말고 오직 너희가 그리스도의 고난에 참여하는 것으로 즐거워하라(벧전4:12-13).

② 하나님이 나사렛 예수에게 성령과 능력을 기름 붓듯 하셨으매 저가 두루 다니시며 착한 일을 행하시고 **마귀에게 눌린 모든 자를 고치셨으니 이는 하나님이 함께 하셨음이라**(행10:38).

③ 예수께서 이르시되 사탄이 하늘로서 번개같이 떨어지는 것을 내가 보았노라 내가 너희에게 **뱀과 전갈을 밟으며 원수의 모든 능력을 제어할 권세를 주었으니**(눅10:18-19).

④ 마귀의 궤계를 능히 대적하기 위하여 하나님의 전신갑주를 입으라 우리의 씨름은 혈과 육에 대한 것이 아니요 **정사와 권세와 이 어두움의 세상 주관자들과 하늘에 있는 악의 영들에게 대함이라** 그러므로 하나님의 전신갑주를 취하라 이는 악한 날에 너희가 능히 대적하고 모든 일을 행한 후에 서기 위함이라(엡6:11-13).

(답2). 십자가를 짐으로써, 영적성장은 물론 복음을 누릴 수 있다.

나는 예수 그리스도를 영접하고서도 100% 믿지 못하고 반신반의하며 이 세상을 좇다가 수많은 죄를 짓고서 죽음의 늪에 빠져 고난의 삶을 살아왔었다. 그런데 어느 날 성경을 연구하다가 아나니아와 삽비라처럼 (행5:1-3) **성령을 거역하지 않는 육적인 죄는 그 어떠한 죄라도 용서하시게 된다는**(마12:32, 고전5:5) **주 하나님의 거룩하심을**(인자, 긍휼) **깨닫고서 비로소 진정한 회개를 하게 되었다.**

그런데 철저한 회개를 하고 나서 하나님의 뜻을 따라 살려고 혼신의 힘을 다하여 노력했었지만, 이전보다 더 큰 시련이 연속되었고 무릎을 꿇을 수도 없어서 비스듬히 앉거나 누워서 기도를 드려야만 했다. **그러나 2010년 어느 날 낮잠을 자다가 막 잠에서 깨는 순간 하늘에서, 수많은 천사들이 하나님께 찬양을 드리는 음악이 들려왔다.**

"여호와는 나의 목자시니 내가 부족함이 없으리로다 나로 하여금 푸른 초장에 누이시며 쉴만한 물가로 인도하시는도다. 내 영혼을 소생시키시고 자기 이름을 위하여 의의 길로 인도하시는도다. **내가 사망의 음침한 골짜기로 다닐지라도 해를 두려워하지 않을 것은 주께서 나와 함께 하심이라 주의 지팡이와 막대기가 나를 안위하시나이다.** 주께서 내 원수의 목전에서 내게 상을 베푸시고 기름으로 내 머리에 바르셨으니 내 잔이 넘치나이다. **나의 평생에 선하심과 인자하심이 정녕 나를 따르리니 내가 여호와의 집에 영원히 거하리로다.**" 하는 **성경 시편 23편에서 나오는 말씀의 찬양이었다.**

즉, 하늘나라의 악기로 알려진 플루트 악기의 음색으로 말로는 도저히 형용할 수 없는 아름다운 곡조가 온 하늘 공간에 너울거리며 울려 퍼져나가고 있었다. **나는 순간 나도 모르게 이 찬양을 따라서 부르다가 온몸의 전율과 함께 뜨거운 눈물을 흘리며 환상에서 깨어났다.**

한편 지난날들을 되돌아보니 내가 그 누구보다도 하나님께 은혜를 많이 받은 사람이라는 사실을 그제야 깨닫게 되었다.

나는 아직도 50억 원의 빚을 지고서 빚을 갚기 위해 새벽부터 밤늦게까지 혼신의 힘을 다해 노력하고 있을 뿐만 아니라, 강직성 척추염 · 후종인대골화증 · 이석증 · 항문 주위의 종기 등으로 욥과 같은 시련을 겪으며 살아가고 있다. 그러나 혼신의 힘으로 기도할 때마다 하나님께서 내 기도를 들어주심으로써 수시로 감사를 드리게 된다.

내게는 아직도 11년간 종의 생활과 2년간의 감옥생활을 해야만 했던 요셉과 · 15년 동안 고통의 날들을 보내야만 했었던 다윗 왕처럼 십자가를 지는 것과 같은 고난이 계속되고는 있지만, 좋으신 하나님께서 마침내 내게 참 자유를 주실 것을 확실히 믿어 의심치 않는다.

하나님으로부터 특별히 선택받은 다윗 왕도 사람들로부터 비웃음과 조롱(시22:7) · 부모의 배척과(시27:10) 형제들에게 객 취급 · 머리털보다 많은 사람들에게 미움을 당했고(시69:2-8), 친구들의 외면과 죄악의 상처로 수많은 날들을 신음하면서(시38:3-8) 주야로 눈물을 흘렸던 사실을 깨닫고 나는 마음을 새롭게 다잡았다(시42:3).

① 또 누구든지 말로 인자를 거역하면 사하심을 얻되 누구든지 말로 성령을 거역하면 이 세상과 오는 세상에도 사하심을 얻지 못하리라(마 12:32).

② 나의 사랑하는 자와 나의 친구들이 나의 상처를 멀리하고 나의 친척들도 멀리 섰나이다 내 생명을 찾는 자가 올무를 놓고 나를 해하려는 자가 괴악한 일을 말하여 종일토록 궤계를 도모하오나 (중략), 내 주 하나님이 내게 응락하시리이다 내가 말하기를 두렵건대 저희가 내게 대하여 기뻐하며 내가 실족할 때에 나를 향하여 망자존대 할까 하였나이다(시38:11-16).

● 논제(34). 기타 중요한 성경의 해석과 신앙적 현안

(답1). 이단과, 이단성이 있는 것에 대한 분별

이단이란 뜻은 직역하면 끝의 내용이 다르다는 말이지만 기독교에서 이단이란 삼위일체 하나님과 예수 그리스도를 부인하거나 자신들의 이익을 위해 **성경의 내용을 확연히 다르게 해석함으로써, 다른 사람들을 미혹시켜 실족케 하는 사람이나 종교단체를 말하는 것이다.**

그러나 성경에 엄연히 기록된 사실을 놓고서도 자신들과 그 해석을 좀 달리한다고 이단이라 한다면, 오늘날 이단이 아닌 종교단체와 교회는 없을 것이다. **예를 들면, 우리가 정통으로 인정하고 있는 칼빈주의인 장로교와 알미니안주의인 감리교는 구원론에서 그 해석을 확연히 달리 하기 때문에 서로 간에 확실한 이단이 되는 것이다.**

따라서 우리는 이단성이 있다는 것과, 진정한 이단을 분리해서 정립할 필요성이 있다. 그러나 이보다 더 큰 문제는 오늘날 한국 기독교의 병폐는 성경에 기록되어 있는 내용대로 믿는 것까지도 **자신들의 교리를 따르지 않거나 자신들이 체험하지 못한 이야기를 하면, 이단이나 신비주의로 몰아서 신도들을 혼돈케 하고 있다는 사실이다.**

성경에 나오는 하나님의 참 종들은 이 세상의 위정자들보다 오히려 하나님을 믿는 사람들로부터 더 큰 핍박을 받았으며, 예수님을 이단의 괴수로 단정하여 처형했었던 자들은 당시의 종교지도자들인 율법학자들과 바리세인들과 제사장들이었고, **종교개혁자 마르틴 루터와 칼빈 또한 베드로와 바울이 세운 천주교를 통해서 핍박을 당했다.**

앞으로도 적그리스도가 활동하면 대형 종교단체들을 통해서 예수님을 바르게 믿는 신자를 실족케 하는 일이 배가될 것이다. **이는 각 개인을 상대로 하는 것보다 효과적이고 지혜로운 사탄의 전략인 것이다.**

즉, 삼위일체의 하나님과, 예수 그리스도와, 성령의 사역을 부인하지 않는 교회나 단체라면 설사 성경 해석을 좀 달리한다고 해도, 이단으로 단정할 수는 없다. **왜냐하면, 인간의 구원은 예수 그리스도를 믿는 당사자와 하나님과의 독립적이고 특수한 관계이기 때문이다.**

하나님께서는 ①온전한 것이 올 때는 부분적으로 하던 것이 폐하게 된다고 하셨고(고전13:10), ②진리의 성령이 오시면 그가 너희를 모든 진리 가운데로 인도하시리니 그가 자의로 말하지 않고 오직 듣는 것을 말하시며 장래 일을 너희에게 알게 하신다고 하셨다(요16:13).

그러나 오늘날의 신자들은 성경말씀과 기도를 통해서 스스로 성령의 인도를 받으려 하지 않고, 종교 지도자들의 치리에만 연연해 교회생활과 예배에 충실 하는 것이 참 구원의 길이라고 오인을 하고 있다.

성경은 분명히 하나님의 은혜를 사모하고 경외하면서(번제) 이웃에 대한 사랑을 실천하는 길만이(화목제) 진정한 예배이고, 이렇게 하는 것이 하나님의 뜻이라고 명확히 밝혀주고 있다.

① **그의 머리 하나가 상하여 죽게(사회주의 실패) 된 것 같더니 그 죽게 된 상처가 나으매(자본주의 실패로 사회주의의 득세) 온 땅이(민주국가) 이상히 여겨 짐승을(중국, 러시아) 따르고,** 용이 짐승에게 권세를 주므로 용에게 경배하며 짐승에게 경배하여 가로되 누가 이 짐승과 더불어 싸우리요 하더라(계13:3-4).

② 사랑은 언제까지든지 떨어지지 아니하나 예언도 폐하고 방언도 그치고 지식도 폐하리라, **부분적으로 알고 부분적으로 예언하니 온전한 것이 올 때에는 부분적으로 하던 것이 폐하리라**(고전13:8-10).

③ 사랑은 언제까지든지 떨어지지 아니하나 예언도 폐하고 방언도 그치고 지식도 폐하리라 **우리가 부분적으로 알고 부분적으로 예언하니 온전한 것이 올 때에는 부분적으로 하던 것이 폐하리라**(고전13:8-10).

(답2). 말세 지도자들의 타락상과 참 목자의 분별

오늘날에도 성경에 등장하는 하나님의 종들처럼 하나님께서 직접 음성·환상·꿈 등으로 불러내셨거나, 성령의 인도함에 따라 하나님의 종이 된 자들도 많이 있다(빌2:13). 그러나 부모의 권유 또는 직업을 좇아 성직자가 된 자들도 있다는 사실 또한 부인할 수는 없다.

따라서 이들은 신학교나 선배 지도자들에게 듣고 배운 신학적 지식에 의하여 목회사역을 함으로써, 성령의 능력을 나타내지 못하고 신자들을 지식적·육적·혼적으로만 양육하려는 경향이 있다. 즉, 타 종교처럼 종교생활 하게 하는 일에 전념하고 있다는 말이다.

오늘날 성령을 받고 은사를 체험한 많은 기독교 신자들이 심령의 갈급함에 따라 하나님의 인도를 받는 교회와 목양자를 찾아서 이 교회 저 교회를 배회하고 있는 것을 종종 접하기도 한다. 그러나 참 목양자의 여부는 성경말씀이란 거울에 비춰, 동서남북 중에 예수님께서 가라는 방향으로 양떼를 인도하는지 따져서 그 파악을 해야만 한다.

즉, 구원은 ①예수 그리스도를 영접해(요1:12)·②철저한 회개를 통해(행2:1-4)·③물과 성령으로 거듭나서(요3:5-6)·④아담으로부터 유전된 신성이 아닌(육적 믿음), 하늘로부터 와지는 온전한 믿음과(롬1:17)·⑤성령의 능력으로(요16:13, 고전2:10)·⑥예수 그리스도의 증인이 되어(마7:21, 행1:8)·⑦하나님의 뜻과, 의와, 이웃 사랑을 실천하는 십자가의 삶을 살아갈 때에만 얻게 된다(눅10:27, 요일3:14).

예수님께서는 분명히 마지막 심판 앞에서 가난한 자와, 헐벗은 자와, 주린 자와, 옥에 갇힌 자와, 고통에 처한 자를 그리스도의 사랑으로 보살폈느냐? 그 여부를 놓고서 심판의 기준으로 삼는다고 명확하게 밝혀주고 있다(마25:34-36, 계20:11-12). 따라서 우리는 이러한 성경 말씀을 깊이 깨닫고 이를 우리의 마음 판에 깊이 되새겨야만 한다.

예를 들면 참 목자는 ①이웃 사랑을 실천은 물론, ②성령의 인도를 받으며 복음을 전파하고 있느냐? 그 여부를 먼저 살펴야만 한다.

다시 말해 교회 헌금의 대부분을 이웃 사랑의 실천과 죽어 가는 영혼을 살리는 일에(예수님의 제자 삼는 일) **전용하고 있는지? 그 여부를 살펴서 참 하나님의 종과 거짓 하나님의 종을 판단해야 한다는 말이다.**

진정한 하나님의 목자라면 예수님의 지상명령인 이웃 사랑의 실천과 복음전파를 위해 먼저 봉임하고 있는 교회의 신도들을 자세히 살펴서 **①직장에서 강제퇴직을 당했다거나, ②사업의 파산으로 감옥을 가게 되었다거나, ③실연 · 이별 · 파산 · 궁핍 · 병고 · 환난 등으로 심한 고통에 처한 자들이 있다면,** 기도와 성경말씀의 위로는 물론 교회에서 물질적인 도움까지 주고 보살펴야만 하는 것이 하나님의 뜻인 것이다.

그런데 오늘날 한국교회의 일부 목자들은 이러한 하나님의 뜻과 의의 실천은 등한시 하고서, **예배의식이란 율법에만 사로잡혀 마치 많은 예배를 드리는 것이 하나님을 잘 믿는 길이고,** 교회의 세력을 키우는 일에 동참하는 것이 하나님의 뜻을 실천하는 길인 양, **신자들을 세뇌하며 잘못 인도하고 있는 실상을 보게 되어 매우 안타깝다.**

즉, 오늘날 한국교회의 신자들은 교회생활로 인해 주일은 안식 일이 아닌 노역의 날로 둔갑하였고, 이러한 무거운 짐으로 인해 기도할 시간마저 갖지 못해 영적으로 곤비하여 작은 시험에도 넘어지곤 한다.

이러한 한국 교회들의 기현상으로 인해 한국의 기독신자들은 하나님의 창조물인 **아름다운 꽃들과 · 가을 산의 아름다운 단풍과 · 맑고 푸른 하늘을 바라보고서도, 하나님의 능력을 찬양하거나 감사할 마음의 여유마저 갖지 못할 뿐 아니라 불신자보다 더 이기적이기도 하다.**

이는 신자들이 마음의 평강을 가지고 하나님의 능력을 찬양할 수 있는 기회마저 박탈하고서 교회란 울타리 안에 가둬두려 하고 있는 것이다. 따라서 성경은 다음과 같이 이러한 성직자들을 책망하고 있다.

①때가 되면 사람들이 너희를 출회할 뿐 아니라(이단취급) **무릇 너희를 죽이는 자가**(목자) **생각하기를 이것이 하나님을 섬기는 예라하며 말씀으로 신자들을 실족케 한다고 하셨고**(요16:1-2), ②너희가 그 연약한 자를 강하게 아니하며 병든 자를 고치지 아니하며 상한 자를 싸매어 주지 아니하며 쫓긴 자를 돌아오게 하지 아니하며 잃어버린 자를 찾지 아니하고, **다만 강포로 그것들을 다스려 목자가 없으므로 그것들이 흩어지고 흩어져서 모든 들짐승의 밥이 된다고 하셨고**(겔34:3-5), ③너희는 흉한 날이 멀다 하여 포악한 자리로 가까워지게 하고 상아상에 누우며(최고급 생활), 침상에서 기지개 켜며 양 떼의 우리에서 어린 양과 송아지를 잡아먹고(중략), **귀한 기름을 몸에 바르되 요셉의 환난에 대해**(마지막 환난) **근심하지 아니한다 하셨으며**(암6:3-6), ④사람(신도)이 예언을 하면 그 낳은 부모(목회자)가 그(신도)에게 이르기를 네가 여호와의 이름을 빙자하여 거짓말을 한다며 **그 낳은 부모가 예언할 때에 칼로**(성경말씀으로) **찌른다고 성경은 예언하고 있다는 사실을 우리는 마음 깊이 되새겨야만 한다**(슥13:3).

따라서 이러한 목자들의 영향으로 인해 오늘날 기독교인들은 이웃 사랑의 실천과 복음전파에 전념하기는커녕, **오히려 불신자들보다 더 이기적이고 마음이 메말라 있어 하나님의 빛을 가리고 있는 실정이다.**

즉, 오늘날 한국교회의 목양자들은 성경에 나오는 하나님의 종들처럼 생명을 건 기도와 사역은 없고, 오직 종교인의 배가에만 충실하고 있다. **두 세집 건너서 교회이고, 몇 사람 건너 기독교인인 오늘날의 현실을 모르셔서 예수님께서 "인자가 올 때에 믿음**(믿는 자)**을 보겠느냐?**(눅18:8)**"** 한탄하셨는지 오늘날 목양자들은 자성해야만 할 것이다.

그럼에도 불구하고 우리는 신앙의 유지를 위해 성경대로 치리하고 **양육하는 교회와 목양자를 찾아서, 참 좋으신 하나님께서 주신 복음의 능력을 누리면서 기쁨으로 신앙생활을 해가야만 한다.**

여기서 우리가 깨달아야 할 것은, 당시에 옳은 일로 알고서 예수님을 십자가에 처형했던 자들은 로마군인이라기 보다는 실제는 하나님을 열심히 믿었던 유대민족의 지도자들인 **제사장과 서기관과 바리세인이 었다는 사실**과, 종교개혁자인 마르틴 루터와 장로교의 창시자인 칼빈 또한 당시 사도베드로와 바울이 세웠던 천주교 지도자들에 의해서 심한 박해를 당했었다는 역사적 사실을 우리는 되새겨야만 한다.

앞으로도 마지막 환난에서 대형 종교단체와 교회가 사탄에게 속아서 세계종교연합과 뉴에이지 운동 등으로 진실한 그리스도인들을 넘어지게 할 것으로 보인다. 이는 지혜로운 사탄의 전략일 뿐 아니라, 사탄은 처음부터 속이는 자이기 때문이다(요일3:8).

그러므로 우리는 하나님의 심판의 때가 바로 우리 눈앞에 다다랐다는 사실을 깨닫고 진실로 근신하며 기도할 때이다. 예수님의 십자가 희생과 부활로 인해서 하늘나라에서 쫓겨난 사탄은 공중권세를 잡고서 수단과 방법을 가리지 않고 삼킬 자를 찾고 있기 때문이다(벧전4:7).

① 우리가 형제를 사랑함으로 사망에서 옮겨 생명으로 들어간 줄을 알거니와 사랑치 아니하는 자는 사망에 거하느니라, **그 형제를 미워하는 자마다 살인하는 자니 살인하는 자마다 영생이 그 속에 거하지 아니하는 것을 너희가 아는 바라**(요일3:14-15).
② 또 내가 보니 죽은 자들이 무론 대소하고 그 보좌 앞에 섰는데 책들이 펴 있고 또 다른 책이 펴졌으니 곧 생명책이라, 죽은 자들이 **자기 행위를 따라 책들에 기록된 대로 심판을 받으니, 바다가 그 가운데서 죽은 자들을 내어주고** 사망과 음부도 그 가운데서 죽은 자들을 내어주매 **각 사람이 행위대로 심판을 받고**(계20:12-13).
③ 내가 너희에게 이르노니 속히 그 원한을 풀어 주시리라 그러나 **인자가 올 때에 세상에서 믿음을 보겠느냐 하시니라**(눅18:7-8)

(답3). 혼과, 영과, 육에 대한 분별

오늘날 기독교 신자들과 지도자들이 영(靈)과 혼(魂)에 대하여 등한시하거나 바르게 인식하지 못하고 있음을 가끔 보게 된다. **과학계에서는 인간이 꿈을 꾸는 현상을 갖고 소뇌의 활동으로 보고 있지만, 성경은 인간의 정신세계를 혼의 작용으로 표현을 하고 있다**(창35:18).

성경은 영과, 혼을 같이 칭하기도 하고(시86:13, 왕상17:22, 마10:28, 계20:4), 분리해 칭하기도 한다(사57:16, 히4:12, 벧전3:18). 그러나 엄격히 구별한다면 이는 각기 다른 개체인 것을 알 수 있다(살전5:23). **혼은 사람뿐만 아니라 짐승 등의 생명체에도 있는데**(전3:21, 욥12:10), **인간에게는 육체와 더불어서 지정의(知情意)를 느끼는(오감) 정신세계의 작용을 말하는 것으로 성경은 밝혀주고 있다**(욥12:2).

즉, 짐승의 혼은 땅으로 사라져 소멸되지만(전3:21), 인간은 육이 죽게 되면 혼은 영과 합일(合一)을 하여 하늘로 올라가거나, 스올에 들어가 영원히 존재하게 된다고 성경은 명확하게 밝혀주고 있다.

한편 신이란 의미를(시82:6) **포함하고 있는 영은 하나님과, 사람과, 천사와, 사탄에게만 있는 것을 보면** 혼과, 영과, 육은 각 개체이면서도 사람에게만 일체로 존재하다는 사실을 알 수가 있다(살전5:23).

사람의 혼은 육체에 깃들어 있다가 육을 벗는 순간 영계로 회귀하여 영과 합일하고, **혼은 3차원체인 육과 4차원체인 영에도 깃들어 인간의 인격을 형성하는 주체인 것을 또한 알 수가 있다.**

① 인생의 혼은 위로 올라가고 짐승의 혼은 아래 곧 땅으로 내려가는 줄을 누가 알랴(전3:21).
② 또 너희 온 영과 혼과 몸이 우리 주 예수 그리스도 강림하실 때에 흠 없게 보전되기를 원하노라(살전5:23).

(답4). 임마누엘과 영적인 삶

오늘날 기독신자들은 신앙적인 사역은 열심히 하지만, 기도를 통한 하나님과 깊은 교제는 등한시 하고 있음을 보게 된다. 그러나 임마누엘은 하나님과 깊은 교제를 통해 그리스도의 성품을 닮아갈 때만 가능하다.

신앙생활에 있어서 수행·봉사·자선·예배·기도·의를 행함 등의 정신적 일을 혼적활동이라 할 수 있으며, 인간 위의 힘에 의한 활동과 일을 영적활동이라고 할 수가 있다. 즉, 혼적활동은 육의 작용 하에 있기 때문에 한계와 불안정을 포함하고 있는 것이다.

그러나 우리는 이러한 혼적활동을 통해서만 영적활동에 접어들 수 있으며, 성령의 능력에 따라 영적인 단계에 이르게 될 때에 진정한 임마누엘의 삶을 누릴 수 있고, 또 하나님의 뜻을 좇아서 살아갈 수가 있게 된다고 성경은 또한 명확히 밝혀주고 있다.

타 종교도 참선·자선·봉사·수행·의를 행하는 등의 나름대로 바른 삶을 추구하고 있다. 이에 대한 노력이 있기에 철학·예의범절·규범·효도·구제·정의·등이 있고, 인간사회가 유지되는 것이다.

그러나 이러한 혼적활동은 어디까지나 인간의 생각과 노력과 능력에 의한 의로운 행위이기 때문에, 기독교인은 기도와 예배를 드리고 헌금을 바치고 이웃을 돕고 의를 행하는 등의 혼적활동의 시간만큼, 말씀연구와 기도의 시간을 가져야만 한다. 다시 말해서 기독신자들에게는 사역의 시간과, 기도의 시간이 대등하게 비례되어야 한다는 말이다.

영적이란 것은 인간의 오감 위에(4차원) 일어나는 일과 의로써, 이러한 영적활동만이 진정 하나님의 뜻을 좇아서 살아갈 수 있다. 따라서 이는 하나님과의 깊은 교제를 통해서만 가능하고, 이러한 삶을 추구하는 자는 성경에 기록된 에녹·노아·아브라함·사무엘·다윗·엘리사처럼 성령의 능력으로 초능력의 삶을 살아 갈수 있게 되는 것이다.

(답5). 천사에 대한 분별

가. 천사는 성(性)이 없고 구원받은 인간을 섬기는 종이다.

① 사람이 죽은 자 가운데서 살아날 때에는 장가도 아니 가고 시집도 아니 가고 하늘에 있는 천사들과 같으니라(막12:25).
② 모든 천사들은 부리는 영으로서 구원 얻을 후사들을 위하여 섬기라고 보내심이 아니뇨(히1:14).

나. 미카엘은 무관인 천사장이고 그룹천사는 파수병천사이다.

① 그런데 바사국 군이 이십일일 동안 나를 막았음으로 내가 거기 바사국왕들과 함께 머물러 있더니 군장 중 하나 미카엘이 와서 나를 도와줌으로(단10:13).
② 이같이 하나님이 그 사람을 쫓아내시고 에덴동산 동쪽에 그룹들과 두루 도는 화염검으로 생명나무의 길을 지키게 하시니라(창3:24).
③ 너 지키는 그룹아 그러므로 내가 너를 더럽게 여겨 하나님의 성산에서 쫓아냈고 불타는 돌들 사이에서 멸하였다(겔28:16).

다. 루시엘은 음악천사, 스랍은 호위천사, 가브리엘은 문관천사이다.

① 그 때에 새벽별들이(루시엘) 노래하며 하나님의 아들들이 다 기쁘게 소리하였느니라(욥38:7).
② 천사가 대답하여 가로되 나는 하나님 앞에 섰는 가브리엘이라 이 좋은 소식을 전하여 네게 말하라고 보내심을 입었노라(눅1:19).
③ 스랍들은 모셔 섰는데 각기 여섯 날개가 있어(사6:2).

(답6). 사람의 이름의 중요성

성경을 보면 하나님께서는 사람의 이름을 매우 중요시하고 있음을 알 수 있다. 즉 아브람을 아브라함으로(만국의 아비), 사래를 사라로(만국의 어미), 야곱을(속이는 자) 이스라엘로(승리자), 배 속에 있는 아이를 예수로(구세주), 시몬을 베드로로, 사울을 바울로 직접 작명하여 주셨음을 알 수 있다. 따라서 우리가 자녀의 이름을 지을 때는 기도하고 심사숙고해서 지어야만 한다.

(답7). 하나님의 거룩하심의 극치는 은혜와 긍휼이 많으심이다.

하나님의 거룩하심의 극치는 은혜와 긍휼이 많으심일 뿐 아니라, 이는 하나님께서 영원히 찬양받으실 이유이기도 하다. 그러나 인간은 누구나 이 세상의 임금인 사탄의 유혹에 이끌려 하나님과의 언약을 어긴 시조 아담의 저주를 유전 받고서 살아가고 있는 것이다.

따라서 이러한 인간들을 당신의 형상으로 회복시키기 위해 하나님께서 친히 인간의 몸을 입고서 이 땅에 오시어 대신 죽으심으로써, 당신의 사랑을 확정하셨다. 그러므로 이는 하나님의 거룩하심의 극치이고, 그 무엇으로도 형용할 수 없는 하나님의 은혜인 것이다.

한편 사도 바울은 죄가 더한 곳에 은혜가 더욱 넘치게 된다고 말씀하셨는데(롬5:21), 이는 빚을 더 많이 탕감 받은 자가 적게 탕감 받은 자보다 더욱 감사가 넘치게 되는 것과 같은 현상인 것이다.

그러므로 하늘나라에서는 찬양과 감사만 있게 되고, 이러한 은혜를 입은 자는 이 세상의 그 무엇과도 예수 그리스도와 바꿀 수 없게 된다.

나는 그 누구보다 더 큰 죄인이었음에도 한량없는 하나님의 은혜로 복음을 누리며 살아가고 있다. 또한 이는 날마다 감격의 눈물을 흘리게 하는 은혜이고, 이 세상을 이기게 하는 능력이 되고 있다.

(답8). NIV 성경과, 현대어 성경 등의 문제점

미국은, 미국 역사상 로마 가톨릭의 지원에 의해 대통령에 당선되었던 JFK 대통령 재임 때인 1962년도에 국·공립학교의 성경공부 과정을 폐지하고서 '권위역성경(AV/KJV)' 또한 수거하여 폐기시켰다.

그리고 이 때 알렉산드리아 신학파의 추종자들은 약 35년 동안 90% 이상의 기독교 신학교를 점령하고 있었던 기존의 성경을 개역하면서, 약 90여 종류가 넘는 조악한 성경들을 만들어 냈었다.

이 때 하나님을 믿지 않는 불신자들이 주체가 되어 번역을 했었던 'NIV'성경과, 로마교황청과 개신교가 연합해서 공동으로 발간한 NRSV 성경에서는, 이전 성경에서 166번이나 언급되었던 '은혜'라는 단어를 제거하고서 미국성서공회의 CEV 성경을 내놓고 말았다.

'NIV'성경은 신약성경의 8천여 곳 이상을 변개하여 68,000개 이상의 단어를 제거하였을 뿐만 아니라, 성경의 작은 책들 30권(룻기, 잠언, 아가서 호세아 등)에 해당하는 양보다 많은 하나님의 말씀을 삭제했다.

다시 말하면 예수님을 프리메이슨(인도주의) 두목으로 만들어 놓고서, 뉴 에이지 운동과 보조를 맞추기 위해 31번 언급된 지옥(hell)이란 단어를 구약에서 100%, 신약에서는 50%를 제거시켰다.

오늘날 현대판 성경들은 전체 성경에서 단 한번 언급된 '루시퍼'란(사14:12) 단어와 갈보리란(눅23:33) 단어를 제거하고서 대신 '계명성'과 '해골'로 둔갑시켜 놓았다. 이는 성경의 본질을 왜곡하는 인본주의의 극치로 밖에 볼 수 없는 것이다.

① 나는 그들을 보내지 아니하였고 그들에게 명하거나 이르지 아니하였 거늘, 그들이 거짓 계시와 복술과 허탄한 것과 자기 마음의 속임으로 너희에게 예언하도다(렘14:14).

(답9). 개역개정 한글성경의 문제점

개역한글 성경은 구약 다니엘서 3장 17절을 번역하면서, **"왕이여 만일 그럴 것이면 우리가 섬기는 우리 하나님이 우리를 극렬히 타는 풀무불 가운데서"**라고 표현하고 있다. 그러나 개역개정 성경은 "왕이여 우리가 섬기는 하나님이 계신다면 우리를 맹렬히 타는 풀무불 가운데에서"라고 표현하고 있다. **이는 내용상으로 '하나님이 계시다면'이라고 번역함으로써 하나님께서 안 계실 수도 있다는 이미지를 낳고 있다.**

한편 이사야 38장 15절의 말씀을 보면 개역한글 성경에서는 '내가 종신토록 각근히 행하리이다' 라고 번역하고 있으나, 개역개정 성경에서는 '내가 종신토록 방황하리이다' 라고 번역을 하여 **"내가 부지런히 행하리라"**는 의미가 있는 히브리어 원문의 뜻을 명확히 개악하여, 내용상으로 살펴보면 정반대의 의미로 번역을 하고 있다.

요한 계시록 2장 10절에서도 개역한글 성경은 "생명의 면류관"이라고 번역을 하고 있지만, 개역개정 성경에서는 "생명의 관"으로 번역하여 **하나님 자녀의 권위와 개역한글 성경의 아름다운 표현을 제거하였다.**

마태복음 5장 12절에서도 개역한글 성경에서는 "선지자들을 이같이 핍박하였느니라"라고 번역하고 있으나, **개역개정 성경에서는 "선지자들도 이같이 박해하였느니라" 라고 표현을 하여, 선지자들이 핍박을 받은 것이 아니라 도리어 핍박한 것으로 번역을 하고 있다.**

민수기 13장 23절에서도 개역한글 성경은 "포도 한 송이"(KJV, one cluster)로 번역하고 있지만, **개역개정 성경에서는 "포도송이"라고만 번역해 포도송이가 100송이도 될 수 있는 원문의 뜻을 심각히 훼손하고 있을 뿐만 아니라,** 이 밖에도 개역개정 성경의 오류를 살펴보면, 창 14:16, 출19:1, 민23:20, 신28:9, 렘49:17, 시111:2, 눅2:13, 요7:7, 행2:3, 롬4:17, 고전1:30, 고후7:6 등이 있다(구영선 선교사의 글 편집).

(답10). 말세에 기독교 신자들이 깨달아야 할 믿음의 자세

　성경은 분명히 한 사람이 두 주인을 섬길 수 없듯이 하나님과 이 세상을 겸하여 섬길 수 없다고 선언을 하시면서(마6:24, 눅16:13), ①주여, 주여 하는 자마다 천국에 다 들어갈 것이 아니요 다만 하늘에 계신 내 아버지의 뜻대로 행하는 자라야 들어가리라, 그때에 내가 저희에게 밝히 말하되 내가 너희를 도무지 알지 못하니 불법을 행하는 자들아 내게서 떠나가라 하리라 한다고 말씀해주고 있고(마7:21-23), ②내가 주릴 때에 너희가 먹을 것을 주지 아니하였고 목마를 때에 마시게 하지 아니하였고 나그네 되었을 때에 영접하지 아니하였고 벗었을 때에 옷 입히지 아니하였고 병들었을 때와 옥에 갇혔을 때에 돌아보지 아니 하였느니라 하시면서 즉, 지극히 작은 자 하나에게 하지 아니한 것이 곧 내게 하지 아니한 것이기 때문에 너희는 영벌에 들어갈 것이라고 판결로 선고한다고 하셨을 뿐만 아니라(마25:41-46), ③너희가 선지자 다니엘의 말한바 멸망의 가증한 것이 거룩한 곳에 선 것을 보거든(읽는 자는 깨달을찐저) 그 때에 유대에 있는 자들은 산으로 도망할 찌어다 지붕 위에 있는 자는 집안에 있는 물건을 가지러 내려가지 말며(중략), 그 날에는 아이 밴 자들과 젖먹이는 자들에게 화가 있으리라, 너희의 도망하는 일이 겨울에나 안식일에 되지 않도록 기도하라, 이는 그 때에 큰 환난이 있겠음이라 창세로부터 지금까지 이런 환난이 없었고 후에도 없으리라 하시면서(마24:15-21), ④무화과나무의 비유를 배우라 그 가지가 연하여지고 잎사귀를 내면 여름이 가까운 줄을 아나니, 이와 같이 너희도 이 모든 일을 보거든 인자가 가까이 곧 문 앞에 이른 줄 알라 내가 진실로 너희에게 말하노니 이 세대가 지나가기 전에 이 일이 다 이루리라 하셨다. 즉, 때가 얼마 남지 않았으니 마지막 때를 준비하라고 하셨다(마24:32-34).

그러나 오늘날 기독교 지도자들은 이러한 말씀들과 ①마지막 때에 믿음(믿는 자)을 보겠느냐! 하신 예수님의 말씀과(눅18:8), ②이 세상이나 세상에 있는 것들을 사랑치 말라 누구든지 이 세상을 사랑하면 아버지의 사랑이 그 속에 있지 아니한다 말씀과(요일2:15),

③하나님의 자녀들과 마귀의 자녀들이 나타나나니 무릇 의를 행치 아니하는 자나 또는 그 형제를 사랑치 아니하는 자는 하나님께 속하지 아니한다고 하셨던 말씀과(요일3:10), ④육체의 일은 현저하니 곧 음행과 더러운 것과 호색과 우상 숭배와 술수와 원수를 맺는 것과 분쟁과 시기와 분냄과 당 짓는 것과 분리함과 이단과 투기와 술 취함과 방탕함과, 이런 일을 하는 자들은 하나님의 나라를 유업으로 받지 못한다하신 말씀들의 내용을 등한시 하거나 외면하고서(갈5:19-21),

세례를 받고 교회에 출석하여 예배를 드리고 있는 신자들은 마치 모두 구원을 받은 것으로 선포를 하고 있어 애석하기 그지없다.

그런데 오늘날 기독교 지도자들이 무화과 나무가 잎을 내고 가지가 연하여 지는 현상을 이스라엘 독립이라고 말은 하면서도, **한 세대의 기간이 다 차서 바로 눈앞에 와있음에도 내심은 이 세상을 더 좋아하여 심판과 하늘나라가 오는 것에 대한 준비는 하지 않고 있는 것이다.**

결론적으로 말하면 오늘날 기독교 지도자들과 신자들이 대전에서 서울을 간다고 말을 하면서도, 부산 방향만 쳐다보고 있거나 부산 방향 열차에 몸을 싣고 있어, 이는 이율배반적인 믿음이 아닐 수 없다. **우리가 성경을 자세히 살펴보면 하나님께서는 명확히 이러한 자들은 하늘나라에 갈 수 없을 뿐만 아니라,** 성경을 단편적으로 해석하여 그릇되게 선포하는 이러한 자들에게 화가 있다고 선언하고 있다.

따라서 하늘나라의 백성은 하늘나라가 속히 오기를 바라면서 이 세상이 멸망한다고 하면 오히려 기뻐하는 자들인데(계6:9-11), **오늘날 과연 내일 지구가 멸망한다고 하면 기뻐할 자들이 몇이나 있을까?**

이러한 이율배반적인 행동을 하지 않는 믿음의 사람들이 과연 얼마나 있을까? 우리 자신의 믿음을 되새겨보아야 할 것이다.

따라서 성경은 "너희가 살진 양을 잡아 그 기름을 먹으며 그 털을 입되 양의 무리는 먹이지 아니하는도다, 너희가 그 연약한 자를 강하게 아니하며 병든 자를 고치지 아니하며 상한 자를 싸매어 주지 아니하며 쫓긴 자를 돌아오게 아니하며, **잃어버린 자를 찾지 아니하고 다만 강포로 그것들을 다스렸도다 목자가 없으므로 그것들이 흩어지며 흩어져서 모든 들짐승의 밥이 되었도다**, 내 양의 무리가 모든 산과 높은 멧부리에 마다 유리되었고 내 양의 무리가 온 지면에 흩어졌으되 찾고 찾는 자가 없었도다 하고서(겔34:2-6)" 오늘날 지도자들을 책망하고 있고, **"화 있을찐저 시온에서 안일한 자와 사마리아 산에서 마음이 든든한 자 곧 열국 중 우승하여 유명하므로 이스라엘 족속이 따르는 자들이여,** 너희는 갈레에 건너가고 거기서 대하맛으로 가고(중략),

너희는 흉한 날이 멀다 하여 강포한 자리로 가까워지게 하고 상아 상에 누우며, **침상에서 기지개 켜며 양떼에서 어린 양과 우리에서 송아지를 취하여 먹고 비파에 맞추어 헛된 노래를 지절거리며, 다윗처럼 자기를 위하여 악기를 제조하며 대접으로 포도주를 마시며 귀한 기름을 몸에 바르면서 요셉의 환난을 인하여는 근심치 아니하는 자로다**, 그러므로 저희가 이제는 사로잡히는 자 중에 앞서 사로잡히리니 기지개 켜는 자의 떠드는 소리가 그치리라(암6:1-7)" 하고서 예언을 하고 있다.

아무튼 오늘날 우리들은 성경에서 밝혀준 환난과 심판의 때를 깨닫고 하늘나라만을 바라보며, **성령의 충만을 받아 하나님과 교통하여 신랑이 올 것을 미리 대비하는 슬기로운 다섯 처녀가 되어야만 할 것이다.** 즉, "오 주여 어서 오시옵소서" 하며 하늘나라를 간절히 갈구하는 진정한 신앙인이 되어야만 한다는 말이다(계6:10, 22:20).

에필로그

'성경은 이스라엘 무협소설 같다'고 생각을 하는 사람도 많이 있을 것이다. 이는 성경이 하나님께서 당신의 종들에게 영감을 주어 기록한 책이기 때문에(딤후3:16), **하나님으로부터 영감을 받지 않고서 신학과 원어 풀이만으로는 그 뜻을 100% 알 수가 없기 때문이다.**

본 저자도 한때 목사님과 신학자들을 찾아다니며 천지를 과연 6일 만에 창조했는가? 사탄과 선악과는 왜 만들어서 인간에게 고통의 삶을 살게 하였는가? **그렇다면 하나님은 불의한 존재가 아닌가? 하고서 질의를 했었지만 그 누구도 명쾌한 답을 주지를 못했었다.**

따라서 나는 혼자서 전심전력을 다해 기도하고 성경을 연구하던 중에 마침내 성경에 숨겨진 마지막 비밀을 깨닫게 되었다. 따라서 옳고 그름은 결과가 말해주겠지만 기존 학설과는 다른 이러한 성경의 비밀을 사람들에게 알리지 않고서는 견딜 수 없어서 이 책을 발간하게 되었다.

물론 오늘날에도 성경에 등장하는 하나님의 종들처럼 하나님께서 음성·환상·영감 등으로 불러내었거나, 성경을 연구하다가 불타는 소명의식에 이끌려 성직자가 된 자들도 많이 있다(빌2:13).

그러나 명예·직업·부모의 권유·혼적인 깨달음 등에 의해서 성직자가 된 자들도 많이 있다는 사실 또한 교회 역사가 증명해주고 있다.

예수님께서는 때를 따라 양식을 나눠주는 종이 복이 있다고 했었고(마24:45-46), 천기는 분별하면서도 시대의 표적은 분별하지 못하느냐(마16:3)? 하시면서 무화과나무의 비유를 깨우치셨다(마24:32-33).

그런데도 아직까지는 예수님의 재림은 언제쯤 있게 되고, 재난은 언제쯤 어떠한 순서로 시작되는가? 등에 대해서 명확한 시간표를 제시하는 하나님의 종이나, 선지자는 아직 나타나지 않고 있다.

하지만 성경은 분명히 마지막 하나님의 대 사역이 한반도에서부터 시작될 뿐 아니라(계7:2-3, 욜2:20) **한반도가 북진통일이 되어 축복의 땅으로 탈바꿈됨으로써, 전 세계 사람들이 한반도로 몰려오게 된다고 명확히 예언을 해주고 있다**(단11:44, 욜2:18, 슥6:1-8, 8:23).

즉, 성경은 한반도가 축복의 땅이라는 사실을 명확히 예언해주고 있는 것이다. 따라서 우리는 이를 결코 등한시해서는 안 되는 것이다.

그리고 성경은 바다에서 나오는 짐승국가인 중국이 이 억 명의 군인을 이끌고 중동지역인 유프라테스 강가로 쳐들어가서 진지를 구축하고 (단11:40-45), **러시아와 더불어 일종의 종교전쟁인 제3차 세계대전을 전개하여 3/1을 죽게 하는데**(계9:14-16, 16:12, 겔21:14-16), 이때 번개 같은 무기인 핵무기를 사용함으로써(겔21:10, 나2:3-4) 하루 만에 이러한 비극이 도래된다고 예언을 해주고 있다(슥3:9).

나는 요한 계시록 11장-17장에 나오는 말씀 내용에 대한 해석을 얻기 위해서 중점으로 기도했더니 하나님의 영이 나타날 때 뼈마디가 흔들리고 몸의 털이 주뼛했다는 말씀처럼, **몸의 털이 쭈뼛하는 느낌의 성령의 영감이 내게 임했다**(욥4:12-15, 단7:16, 암3:7). 즉, 바다에서 나오는 짐승은 러시아와(계17:9-11) 중국(계17:12, 16:12) 두 나라를 하나의 짐승으로 표현해주고 있다는 사실을 깨닫게 해주셨다.

따라서 나는 흥분의 도가니 속에서 애국가 마지막 가사처럼 "하나님이 보호하고 도우사 우리나라 만세"를 목이 터져라 외치고 싶다.

또한 지금까지 본 저자가 저술한 이러한 성경 해석에 대한 진실여부는 앞으로 10여 년 이내에 명확히 밝혀질 것이다. 따라서 나는 진정으로 회개하라 천국이 가까이 왔노라 외칠 수밖에 없는 것이다.

마지막으로 이 책의 내용은 인터넷 사이버 공간에서 등에서 공표된 내용을 발췌하여 편집한 부분도 있음을 밝혀드린다.

다만 이 책을 읽는 독자 여러분들은 나의 이러한 성경의 해석을 논란의 여지를 떠나 일종의 논문으로 보고서, 기도와 성령의 감동을 통해 취사선택을 하여 주시기 바란다.

즉, 독자 여러분들은 이 책을 읽고 나서 기도를 통한 성령의 인도하심에 따라서 앞으로 닥쳐올 환난의 시간표를 미리 깨닫고 이를 대비함으로써, 하나님의 보호 속에서 온전한 구원의 복을 누리는 자가 되길 진심으로 바라마지 않는다.

2019년 5월 02일

박 요한(필명) 강도사